Faisal Hamdo

Fern von Aleppo

Wie ich als Syrer in Deutschland lebe

In Zusammenarbeit mit Elena Pirin

Bibliografische Information der Deutschen Nationalbibliothek

Die Deutsche Nationalbibliothek verzeichnet diese Publikation in der Deutschen Nationalbibliografie; detaillierte bibliografische Daten sind im Internet unter http://dnb.d-nb.de abrufbar.

© Edition Körber, Hamburg 2018

Umschlag: Groothuis. www.groothuis.de
Umschlagfoto: Körber-Stiftung/Claudia Höhne
Textredaktion: Oliver Domzalski | www.lektorat-domzalski.de
Herstellung: Das Herstellungsbüro, Hamburg | www.buch-herstellungsbuero.de
Druck und Bindung: CPI – Clausen & Bosse, Leck
Printed in Germany

ISBN 978-3-89684-261-9

Alle Rechte vorbehalten

www.edition-koerber.de

إلى أمي الغالية وأبي العزيز..
إلى شقيقاتي وأشقائي الذين أدركت معهم أن الشمس هي
ساعة الفلاحين في النهار.. وأن القس هو ساعة
العاشقين للصلاة عند الفجر
إلى أرواح كل شهداء الوطن..
إلى وطني الجريح

فيصل حدور - هامبورغ ٢٠١٨

Für alle, die ich im Krieg verloren habe, insbesondere meine kleinen Patienten.

Für meine Mutter, die mir gezeigt hat, dass die Liebe die größte Macht der Welt ist.

Für meinen Vater, der mich stark gemacht und mir beigebracht hat, dass es für jedes Problem eine Lösung gibt.

Für meine Geschwister, ihre Partner und für meine Nichten und Neffen: Ihr seid mein Reichtum.

Inhalt

Vom Euphrat an die Elbe
Warum ich Deutschland danken möchte 9

1. Schnee in Aleppo 15
2. Als mein Opa zum König wurde 20
3. Von Ost-Aleppo nach Westberlin 26
4. Die Ziege meiner Mutter 40
5. Mein Männerleben als »Jungfrau« 54
6. Glühwein zum Ramadan 69
7. Sieben Kerzen für Leyla 83
8. Die Uhr meines Vaters 95
9. Bismarck sei Dank 106
10. Amtsdeutsch für Ausländer 121
11. Händeschütteln in der Sauna 133
12. Loriot für Araber 153
13. Von Gebetsteppichen und Yogamatten 167
14. Mein Silvester 2015 181
15. Vom Glück, Steuern zu zahlen 196

16. Sonntag ist Wahltag 209
17. Der Westen fing in Kiew an 222
18. Anruf aus Aleppo 236

Wie Syrien zu mir kam
Nachwort von Elena Pirin 249

Vom Euphrat an die Elbe
Warum ich Deutschland danken möchte

Ich bin keine Berühmtheit. Weder in Syrien noch in Deutschland. Ich gehöre zu jener namenlosen Masse junger Menschen, die ab 2011 auf die Straßen gingen, um in Sprechchören für ein besseres Leben zu demonstrieren. Ich war gerade 22 Jahre alt geworden. Einige verrückte Wochen lang glaubte ich wie ein kleines Kind daran, dass unsere Politiker endlich im Interesse ihres Volkes handeln würden. So saß ich noch im Juni 2011 im Innenhof der Uni von Aleppo und lauschte zusammen mit meinen Kommilitonen der Rede unseres Staatschefs, der uns Hoffnungen auf Reformen machte – um sie im nächsten Zuge brutal zunichtezumachen. Wir hockten nebeneinander auf dem von der Sonne aufgeheizten Zementboden: Sunniten neben Schiiten, Kurden neben Christen, Studentinnen mit Jeans neben solchen mit Kopftuch oder Schleier – alles junge Syrer. Noch ahnten wir nicht, dass demnächst das große Morden beginnen sollte. Im Namen des syrischen Volkes sollten unversöhnliche Kämpfe geführt werden, die bis heute für endloses Leid und blutige Schlagzeilen sorgen.

Wir, die jungen Syrer, die sich für die Hoffnungsträger des Landes hielten, wussten im Frühsommer 2011 noch nicht, was wir alles aufs Spiel setzten. Die meisten von uns würden ihr Zuhause verlieren, andere ihre Familie und wieder andere das eigene Leben. Wie Tausende anderer junger syrischer Frauen und Männer erlebte ich, wie sich unsere Demonstrationen für mehr Demokratie und Wohlstand in verzweifelte Proteste gegen die Willkür der Regierung verwandelten. Um anschließend zu erleben, wie diese die eigene Bevölkerung zum Abschuss freigab.

Die Mitglieder meiner Familie sowie der Großteil meiner Bekannten zählen statistisch zur offiziellen Zielscheibe des staatlichen Terrors. Warum?, frage ich mich bis heute. Liegt es nur daran, dass wir der sunnitischen Bevölkerung angehören, die seit Jahrzehnten ein Dorn im Auge unserer Herrscher ist? Oder liegt es an der Logik der Kriegstreiber? Braucht man Sündenböcke, um den eigenen Machtanspruch zu legitimieren? Auf jeden Fall war es wohl einfach Pech, dass ich 1989 als Sunnit in Syrien geboren wurde.

Gleichzeitig hatte ich riesiges Glück: Ich bin nicht in den Gefängnissen des Geheimdienstes verhört worden, ich musste keinen Dienst an der Waffe leisten, weder für das Regime noch für seine Gegner. Meine Eltern und auch alle Geschwister sind noch am Leben. Ich konnte aus Syrien fliehen, bevor der Krieg mich endgültig einholte, und ich habe in Deutschland eine zweite Heimat gefunden. Mittlerweile kann ich hier sogar meinen Beruf als Physiotherapeut ausüben. Ich bin ein Sonntagskind, wie man auf Deutsch sagt.

Es sind noch nicht einmal drei Jahre, dass ich hier leben darf. Wie ich zu diesem Privileg gekommen bin, möchte ich in diesem Buch erzählen. Aber auch von den Verpflichtungen und Fragen, die ein solches Glück mit sich bringt. Ich möchte meinen Lesern die Denkweise und die Erfahrungen eines jungen syrischen Einwanderers näherbringen.

Ich hoffe, dass das Buch ein paar Fragen beantworten kann, die viele Deutsche an uns Geflüchtete haben, wie zum Beispiel: Kann man arabischer Muslim sein und trotzdem weltoffen, gebildet und tolerant? Ist es möglich, in ärmlich-patriarchalen Strukturen aufgewachsen zu sein und trotzdem die Werte der Demokratie zu respektieren und zu leben? Kann jemand aus einem Land mit Sommertemperaturen von bis zu 45 Grad wirklich fleißig und leistungsorientiert sein? Muss jemand, der aus einem Kriegsgebiet flieht und Traumatisches erlebt hat, unbedingt eine tickende Zeitbombe sein?

Und mich hat interessiert, warum so viele von »uns« Geflüchteten nach Deutschland wollen. Was finden wir hier, außer Wohlstand und Arbeit? Und wie können wir Einwanderer dieses Land aktiv mitgestalten? Denn es hilft weder unseren Gastgebern noch uns selbst, sich in Vorurteilen einzumauern.

Ich habe in den letzten drei Jahren viele unvergessliche Erfahrungen gemacht und zahllose Gespräche mit deutschen Bekannten und Helfern, mit Arbeitskollegen und Patienten geführt. Wir haben voneinander profitiert: Sie konnten mir meine Fragen in Bezug auf Deutschland und den Westen beantworten, und ich konnte ihnen meine Sicht auf die syrische Tragödie schildern. Dank dieses Austausches gelingt es mir heute besser, Deutschland zu verstehen.

Nicht viele meiner syrischen Landsleute haben diesen privilegierten Zugang zur deutschen Gesellschaft. Deswegen verstehe ich mich auch als Mittler zwischen den Welten. Ich bin in der glücklichen Position, anderen helfen zu dürfen. Als ehrenamtlicher Begleiter versuche ich, Neuankömmlingen aus Syrien und dem arabischen Raum zu erklären, wie das Leben hier funktioniert. Durch sie erlebe ich meinen eigenen Kulturschock des Anfangs wieder, zusammen mit ihnen lache ich über die Tücken der deutschen Sprache und schmunzele über manche Eigenheiten der »Einheimischen«. Auch davon handelt dieses Buch.

»Wer, wie, was? Wieso, weshalb, warum?«, mit diesen Fragen beginnt eine der bekanntesten Kindersendungen im Nachkriegsdeutschland, wie ich in einem Integrationskurs gelernt habe. Ich mag besonders die folgende Zeile: »Wer nicht fragt, bleibt dumm.«

Ohne meine deutschen Freunde wäre dieses Buch nicht möglich gewesen. Mein Dank gilt allen Menschen, die mir hier in meiner neuen Heimat die Kraft und den Glauben an mich selbst gegeben haben, ganz besonders meinen Hamburger Gasteltern. Mein Dank geht auch an meine Co-Autorin Elena Pirin. Und ohne die großzügige Unterstützung meiner Freunde aus Hamburg und Berlin, die ihre Herzen und Häuser für mich und meine Brüder öffneten, hätte ich Deutschland nie erreicht. Ihrem Einsatz ist es zu verdanken, dass wir hier in Sicherheit leben können und vorerst eine Zukunftsperspektive haben. Dank der intensiven Kontakte zu unseren Helfern und Unterstützern schafften wir es, uns in dieser unbekannten neuen Welt zu orientieren. Ich möchte die Stunden, in denen uns meine Gasteltern und deren Freunde auf diverse Ämter begleiteten, nicht zählen. Es kommen sicher einige Arbeitstage zusammen.

Auch etwas anderes, besonders Wichtiges kommt hinzu: Dank der vielen Gespräche und Diskussionen, der privaten Einladungen und Unternehmungen konnten wir – die Gebrüder Hamdo – in kurzer Zeit die hiesige Lebensart kennenlernen. Das war der beste Integrationskurs meines Lebens und sicher einer der Gründe dafür, dass mein Deutsch mittlerweile recht gut fließt.

Ich kann noch nicht sagen, ob wir ein Beispiel für gelungene Integration sind – die Zukunft wird das zeigen. Ich kann nur möglichst vielen jungen Einwanderern solch schöne menschliche Begegnungen wünschen! Gute Taten tragen irgendwann reiche Früchte, daran glaube ich fest – nicht nur, weil ich ein gläubiger Muslim bin.

Faisal Hamdo
Hamburg, im Januar 2018

1. Schnee in Aleppo

»Woher kommst du?«, frage ich meistens, wenn ich jemanden kennenlerne. Wenn ich selbst danach gefragt werde, zucke ich allerdings zusammen, denn ich stamme aus der traurigen Berühmtheit Aleppo. Die Stadt, in der ich aufgewachsen und zur Schule gegangen bin, in der ich studiert und gearbeitet, in der ich geliebt und von einer eigenen Familie geträumt habe – sie existiert in dieser Form nur noch in meinen Erinnerungen und Albträumen.

Als ich Syrien im Sommer 2014 verließ, ahnte ich nicht, dass mein Heimatort zwei Jahre später zum Synonym für die Hölle werden würde. Heute ist Ost-Aleppo eine Ruinen- und Geisterstadt, die ich nur via YouTube oder Facebook besuchen kann. Die meisten Menschen, die ich dort kannte, sind geflüchtet oder tot.

Laut Wikipedia hatte Aleppo-Stadt im Jahre 2005 etwa 2,5 Millionen Einwohner; die Region beherbergte über 3,1 Millionen Menschen. Wie viele dort heute noch leben, weiß nur Gott.

Ich sitze trocken und sicher in Deutschland. Manchmal schaue ich mir – allein oder zusammen mit meinen drei

Brüdern – auf Google Earth das Fleckchen Erde an, auf dem unser Familienhaus stand. Auf diesem Luftbild ist das Haus noch zu sehen, das unser Vater in den frühen 1980er-Jahren mit eigenen Händen zu bauen begann. Auf der anderen Straßenseite erkennt man das Grundstück, das wir kurz vor dem Krieg gekauft hatten, um dort ein zweites Haus zu errichten, für die Familie eines meiner Brüder.

Auf dem Satellitenbild ahnt man unsere Dachterrasse, auf der wir im Sommer unter den Sternen schliefen. Den Innenhof, in dem ich mit meinem Neffen Fußball spielte, sieht man nicht. Er existiert also nur noch in meinen Erinnerungen – denn das Haus und die Straße gibt es wahrscheinlich nicht mehr, berichteten jedenfalls unsere Nachbarn.

Wegen der Fotos von Aleppo ist mein Laptop das Kostbarste, was ich besitze. Und ich wünschte, ich hätte dort jeden Ort, an dem ich einmal war, fotografiert. Dass ich es nicht getan habe, ist aus heutiger Sicht ein unverzeihliches Versäumnis, denn ich hatte schon Anfang 2010 ein Handy. Warum habe ich so selten das Krankenhaus fotografiert, in dem ich nach meinem Studium ein Jahr lang als Physiotherapeut gearbeitet habe? Ich besitze nur ein einziges Gruppenfoto meiner Abteilung. Aber wie sollte ich ahnen, dass dieses Krankenhaus im Stadtteil al Schaar im Herbst 2012 von Fassbomben zerstört werden würde? Ich danke dem Zufall, dass ich damals nicht dort war und verschont blieb, aber ich bin untröstlich darüber, dass ausgerechnet die junge Assistenzärztin, die bei dem Bombenangriff starb, nicht auf dem Abteilungsfoto zu sehen ist. Wir hatten zusammen eine Fortbildung an der Uni belegt und waren dabei, uns anzufreunden.

Es ist erschreckend, wie schnell man die Gesichtszüge eines Menschen vergisst.

Mein Laptop beherbergt auch die wenigen, kostbaren Fotos von meiner Verlobten und mir – darunter eines von unserem Ausflug zur Zitadelle von Aleppo. Die imposante mittelalterliche Festung, die ich manchmal mit Kommilitonen und Freunden besuchte, steht heute nur noch teilweise. In vergangenen Zeiten hatte sie verschiedenen Herrschern als Palast oder Militärstützpunkt gedient; im 20. Jahrhundert wurde sie dann für Touristen geöffnet. Jetzt patrouillieren dort Regierungstruppen und blicken von oben auf die weitgehend zerstörte Altstadt. Dass die Zitadelle und die weltberühmte Altstadt Aleppos unter dem Schutz der UNESCO stehen, hat dem Weltkulturerbe wenig genützt.

Auch die prächtige Umayyaden-Moschee hätte ich häufiger fotografieren sollen, bevor sie zum Schlachtfeld der Regierungstruppen und der Aufständischen verkam. Unser Haus lag am Rande der Stadt und war mindestens anderthalb Stunden Busfahrt vom historischen Zentrum entfernt. Unsere Mutter ließ es sich jedoch nicht nehmen, gelegentlich zu dieser heiligen Stätte zu fahren, um dort zu beten. Manch eine Krankheit oder Prüfung von uns Kindern ist dank ihrer Gebete glücklich ausgegangen. Meine Eltern leben mittlerweile Hunderte von Kilometern von Aleppo entfernt, in Jordanien. In welcher Moschee meine Mutter jetzt betet, wenn sie große Sorgen hat, weiß ich nicht. Ich weiß nur, dass es besser ist, dass sie die Umayyaden-Moschee momentan nicht sehen kann – der Anblick der Verwüstung würde ihr das Herz brechen.

Ich frage mich, welche der Orte, die ich kenne, noch heil sind. Vielleicht gibt es noch den benachbarten Gemüsegarten, in dem meine Mutter manchmal aushalf, um ein paar Lira zu verdienen. Wahrscheinlich stehen auch die teuren Villen noch, die mein Vater zusammen mit uns Söhnen innen verputzt und mit Fliesen ausgelegt hat. Vielleicht existiert sogar noch der Pool, den wir für einen saudischen Kaufmann in dessen Garten gefliest haben. Ob seine Familie in der Hitze der letzten Sommer darin Abkühlung gefunden hat?

Syrien sei ein sehr schönes Land, hatten wir in der Schule gelernt. Man könne bei uns wunderbar Urlaub machen. Man könne im Mittelmeer baden, in Gebirgen wandern, jahrtausendealte Heiligtümer besuchen und sogar Ski fahren – auf beinahe syrischem Boden: Auf den von Israel besetzten Golanhöhen kann man herrliche Pisten hinuntersausen, gleich jenseits der heutigen syrischen Grenze. Man kann auf dem Berg Hemron seinen Après-Ski-Drink nehmen, bei klarem Wetter den Blick auf das nur 40 Kilometer entfernte Damaskus genießen. Heute würde man dort allerdings fernes Kampfgetöse hören.

Um Weihnachten 2016 entdeckte ich im Internet Bilder der verschneiten Ruinen in meiner Heimatstadt. Ich dankte Gott, dass ich den blutgetränkten Schnee von Aleppo nicht erleben musste. Gleichzeitig fühlte ich mich endlos schuldig, dass ich nicht vor Ort war, um den frierenden, obdachlosen und verletzten Menschen zu helfen. So geht es, denke ich, Millionen von geflüchteten Syrern.

Als ich 2009 meinen ersten Schnee und meine erste Schneeballschlacht auf unserer Dachterrasse erlebte, hätte ich im Traum nicht daran gedacht, dass ich eines Tages den Schnee im Harz in meinen eigenen Händen halten würde. Kurz vor Neujahr 2017 hatte ich einen Traum: Mein Neffe und ich bauten auf unserem Dach einen Schneemann. Neben uns lagen die Skier bereit, mit denen wir bald in den Winterurlaub aufbrechen würden. Nicht in den Harz. Sondern in die syrischen Berge.

2. Als mein Opa zum König wurde

Einen der ersten deutschen Begriffe, den ich gelernt habe, ist Altenheim. Damals ahnte ich nicht, wie wichtig dieses Wort für mich noch werden würde. Zudem konnte ich mir nur wenig darunter vorstellen, denn in Syrien existierten so gut wie keine Alten- oder, politisch korrekt, Seniorenheime. In Aleppo, einer Millionenstadt, zählte man alles in allem vier sogenannte Seniorenhäuser, aber ich kenne niemanden, der dort seine Eltern oder Großeltern »abgegeben« hat.

Umso unvergesslicher sind mir meine ersten Tage als Aushilfspfleger in einem Hamburger Pflegeheim. Ich sehe immer noch die zierliche Dame aus Zimmer 211 vor mir. Jedes Mal, wenn ich zu ihr kam, um sie beim Essen oder bei der Pflege zu unterstützen, fand ich sie weinend vor. Das ging vielleicht zwei Tage so. Jedes Mal fragte ich: »Warum weinen Sie?«, aber ich bekam keine Antwort. Irgendwann wandte sie sich immer ab und blickte aus dem Fenster; ich sah nur noch ihr feines Profil. Und spürte ihre Traurigkeit.

An einem Tag im Februar 2015 – es war kalt, aber sonnig, ein Tag zum Spazierengehen – sah sie wieder nach draußen, und ihre Tränen flossen erneut. Aber diesmal sagte sie: »Meine Tochter kommt nicht.«

Mein Deutsch war noch ziemlich holprig, aber ich versuchte, sie zu trösten. »Na ja, sie kommt bestimmt bald, das Wochenende ist noch nicht vorbei.«

»Nein, sie kommt nicht«, sagte sie.

»Sie wohnt sicher weit weg«, nahm ich die unbekannte Tochter in Schutz.

»Nein«, schüttelte die Dame ihre weißen Haare. »Sie wohnt in einem Vorort von Hamburg.«

»Vielleicht ist sie beruflich verhindert?« Ich gab nicht auf.

»Sie ist schon Rentnerin.«

»Oder sie muss auf Ihre Enkelkinder aufpassen?«, machte ich einen letzten Vorschlag.

»Ach was. Sie hat keine Kinder.«

Ich wusste nicht mehr, was ich sagen sollte, außer: »Wollen wir kurz spazieren gehen? Ich könnte Ihren Rollstuhl schieben, und wir drehen eine kleine Runde durch den Park.« Sie stimmte sofort zu. Es war erstaunlich, wie schnell sich ihre Laune besserte. Die alte Dame wollte einfach nur an die frische Luft, und das in Gesellschaft.

Ob mein syrischer Großvater in den letzten Jahren seines Lebens viel an der frischen Luft war, weiß ich nicht mehr. Aber ich weiß, dass es ihm ganz sicher nicht an Gesellschaft mangelte. Als Opa mit neunzig bei uns zu Hause starb, war er schon ziemlich »durch den Wind«. Ich kann mich gut an den Tag erinnern, als *Djudu* zu uns zog. Unser Haus war noch nicht zu Ende gebaut, es hatte damals drei Schlafzimmer, ein Wohnzimmer und eine kleine Küche. Wir waren aber acht Kinder, also mussten wir zusammenrücken. Opa bekam einen eigenen Raum, in dem er immer zusammen mit jemandem aus der Familie übernachtete, der sich um ihn kümmerte. Das waren entweder meine älteren Geschwister, meine Eltern oder eine der Tanten und Onkel. Die Erwachsenen wechselten sich ab und halfen ihm – egal, ob man ihn auf die Toilette begleiten, waschen oder füttern musste.

Unser Vater hatte uns erklärt, dass der Opa schon alt sei und unsere Hilfe brauche. Es war eine Selbstverständlichkeit, ein ungeschriebenes Gesetz: Als eines von sieben Geschwistern war jetzt unser Vater mit der Pflege an der Reihe, und damit auch unsere Familie.

Großmutter war in unserem Dorf geblieben, um sich um das Haus und die Schafe zu kümmern. Dieses Dorf hatte mein beduinischer Ururgroßvater einst den Franzosen abgekauft. Dort, am Rande der Wüste, unweit des Euphrats, war Großvaters Reich, dort war er ein König der Wüste, auf Arabisch ein *Badja*. Drei seiner Söhne lebten mit ihren Familien in der Nachbarschaft. Der König der Wüste hatte sein eigenes Lehmhaus, seinen Garten und eine Vielzahl von Enkelkindern. Fast jeden Abend saßen seine Angehörigen bei ihm. Es wurde zusammen gegessen und erzählt. Je älter meine Großeltern wurden, desto öfter übernahmen die Schwiegertöchter und Töchter das Kochen. Wenn Oma und Opa mal einen Abend zu zweit verbringen wollten, wurde das Essen zu ihnen gebracht.

Und nun zog der König der Wüste bei uns ein, weil er »durch den Wind« war. Für mich, den zehnjährigen Enkel, war *Djudu* immer ein starker Mann gewesen. In seiner Kindheit hatte er noch als Nomade gelebt, wusste alles und konnte tolle, spannende Geschichten erzählen. Es war für mich das Größte, seinen Erzählungen zu lauschen. Bei Besuchen hatte er früher immer Geschenke mitgebracht. Aus meiner kindlichen Sicht ging dies nun alles verloren. Ich habe in der Zeit viel um meinen Großvater geweint.

Heute glaube ich allerdings, dass mein Opa ziemliches Glück hatte. Er blieb nie allein und war weiterhin gut ins Familienleben eingebunden. Da waren nicht nur meine Mutter, mein Vater, meine Geschwister und ich. Auch die andere Großmutter unterstützte oft meine Mutter. Jeden Tag kamen Tanten und Onkel, um *Djudu* zu besuchen. Sie blieben oft mehrere Tage und haben dann nur mit einer Decke auf dem Fußboden geschlafen.

Interessanterweise hat keiner davon geredet, dass Opa dement sei oder krank. Für uns war der Großvater einfach »durch den Wind«, das gehörte in Syrien zum Alter dazu.

Wenn viele Familienmitglieder bei der Pflege eines Menschen mit Demenz mithelfen, hat das große Vorteile: Die Arbeit verteilt sich auf mehrere Schultern, und der Verwandte bleibt am sozialen Leben beteiligt. Opa bekam mit, was uns bewegte, und er war vor allem in den Tagesablauf eingebunden. Aber auch wir Kinder erfuhren, was Pflege bedeutet, und mussten zur Entlastung unserer Mutter kleine Aufgaben übernehmen. Wir erlebten unmittelbar, wie der Generationenvertrag funktioniert. In einem Pflegeheim gehen all diese Aspekte verloren.

Andererseits will ich die Pflege innerhalb der eigenen Familie nicht romantisieren. Wenn ich als Physiotherapeut mit einem dementen Patienten Übungen mache und geduldig immer wieder erkläre, was wir gerade tun, denke ich oft an meinen Großvater. Waren meine Eltern auch geduldig mit ihm? Der Vorteil eines Heims ist ja, dass die Begleitung professionell erfolgt. In Familien ist das oft nicht möglich. Als mein Großvater begann, sonderbare Geschichten zu erzählen, haben wir Kinder über ihn gelacht, und die Erwachsenen wussten auch nicht, wie sie damit umgehen sollten. Ich bin davon überzeugt, dass mein Großvater das wahrgenommen hat. Die Mitarbeiter eines Heims hingegen haben die Kompetenz, mit dem sich ändernden Verhalten umzugehen und den Dementen in seinem Handeln zu verstehen.

Im Pflegeheim in Deutschland werden Menschen mit Demenz mobilisiert und angeregt, möglichst alles selbst zu machen. Das finde ich sehr wichtig. Bei uns in Syrien ist ein alter und kranker Mensch dagegen wie ein greiser König: Ihm werden alle Wünsche von den Augen abgelesen und erfüllt. Selbst wenn er allein trinken wollte – der Becher wird ihm zum Mund geführt. Von der früheren Selbstständigkeit des Menschen bleibt aus falsch verstandener Fürsorge nichts mehr übrig.

Natürlich gab es auch in Syrien Menschen ohne Ehepartner und Kinder. Wer hat sich um sie gekümmert? Meistens die Nachbarn. In unserer Straße zum Beispiel lebte ein hilfsbedürftiges älteres Ehepaar, das weder Kinder noch Verwandte hatte. Die ganze Straße hat nach den beiden geschaut. Jeden Tag kochte jemand anderes das Essen für die beiden, machte die Wohnung sauber und erledigte, was so anfiel. Meine Mutter natürlich auch. Die Gesellschaft nahm sich also dieser Menschen an. Wäre deren Zahl allerdings stark gestiegen, hätte die Hilfsbereitschaft sicher bald abgenommen. Und natürlich sprechen wir von Syrien vor dem Krieg. Ich möchte nicht wissen, wie viele alte, verletzte und vereinsamte Menschen heute durch Aleppo oder andere syrische Städte irren.

Ich betrachte es als ein Glück, hier in Deutschland mit älteren Menschen arbeiten zu dürfen. Viele meiner Patienten im Klinikalltag sind hochbetagt, einige sind dement. Auch bei meinen Hausbesuchen als Physiotherapeut oder Altenbetreuer habe ich viel Kontakt zu älteren Menschen. Man kann von ihnen viel lernen, auch über die deutsche Gesellschaft. So mögen es die meisten Patienten hierzulande nicht, berührt zu werden, anders als bei uns in Syrien. Dort war es normal, jemanden an die Hand zu nehmen oder auch mal zu umarmen, wenn er oder sie traurig war. Den älteren Menschen hier ist es offenbar sehr wichtig, zu zeigen, dass sie noch selbstständig sind.

Ich frage mich, ob das einer der Gründe ist, warum hier so viele Angst vor dem Alter haben. Alter wird offenbar negativ bewertet. In Syrien hingegen bringen wir dem Alter sehr viel Respekt entgegen. Alt sein wird mit Würde assoziiert. Die betagten Menschen werden von den Jüngeren bedient und genießen es. Deutsche hingegen wollen lieber alles alleine machen und finden es schrecklich, wenn sie der Hilfe bedürfen. Sollte ich das Glück haben, eine eigene Familie zu gründen, würde ich am Ende meines Lebens gern in einer häuslichen Umgebung gepflegt werden. Aber wer weiß, wie ich im Alter darüber denke!

3. Von Ost-Aleppo nach Westberlin

Als die Berliner Mauer fiel, war ich gerade mal ein paar Monate alt.

25 Jahre später, im Herbst 2014, stand ich, der Geflüchtete, am Brandenburger Tor und durfte die beeindruckende Lichtinstallation entlang der ehemaligen Mauer fotografieren. »Lichtgrenze«, was für ein schöner neudeutscher Begriff, der zu Recht zum Wort des Jahres 2014 gewählt wurde!

Ich war gerade von Hamburg nach Berlin gezogen, weil das Leben in den neuen Bundesländern günstiger als in der Hansestadt war und die Sprachkurse erschwinglicher. Ich hatte mich außerdem bei einigen Online-Job-Portalen registriert. Bis heute bekomme ich Angebote aus dieser Berliner Zeit: mehr oder weniger lukrative Tätigkeiten als Umzugshelfer, Gartenarbeiter oder Katzensitter. Die Jobs, die ich tatsächlich fand, kamen aber vorwiegend durch »Vitamin B« zustande. Dank der Kontakte meiner Freunde durfte ich – der Sohn eines syrischen Bauarbeiters – die eine oder andere Baustelle hierzulande kennenlernen. Dadurch lernte ich nicht nur den Reichtum der polnischen Kraftausdrücke kennen, sondern auch viele Sehenswürdigkeiten der deutschen

Hauptstadt. Bis heute frage ich mich allerdings, warum die Komische Oper diesen komischen Namen trägt.

Besonders gern denke ich an meinen Job als Sitter für Lea zurück. Lea war allerdings weder Katze noch Hund, sondern eine fröhliche dreizehnjährige junge Dame. Mit dem Downsyndrom geboren, brauchte die Familie jemanden, der das Mädchen von der Schule abholte und anschließend ein bis zwei Stunden mit ihr verbrachte. Offenbar wirkte ich qualifiziert genug für diese Aufgabe. Die Tatsache, dass ich in Syrien Kinder mit Behinderung therapeutisch betreut hatte, war dabei sicherlich hilfreich.

Es war eine spannende Erfahrung und eine gute Möglichkeit für mich, mein Deutsch zu verbessern. Lea war stolz darauf, mir etwas beibringen zu können. Zum Beispiel, dass es *der* und nicht *die* Apfel hieß und *das* und nicht *die* Mädchen. Oder dass »Mensch ärgere Dich nicht« ein Spiel ist und keine Aufforderung.

Ich staunte, wie fit und selbstständig dieses Mädchen war. Offenbar ging sie auf eine gute Schule. Allerdings musste sie keine blaue Uniform tragen wie ich in ihrem Alter. Auch musste sie morgens keinen Appell vor dem Porträt von Angela Merkel abhalten und kein Loblied auf den Bundespräsidenten singen. Besonders beeindruckend fand ich, dass Lea Schwimmunterricht hatte und trotz ihrer Einschränkungen schon im tiefen Becken schwimmen konnte, anders als ich damals. In den deutschen Schulen bekam man also etwas Nützliches beigebracht – etwas, das man fürs Leben braucht.

Lea ging damals in die 7. Klasse. An das, was ich in der 7. Klasse lernen musste, erinnere ich mich nur sehr ungern.

Meine Lieblingsfächer waren Chemie und Anatomie, später arabische Literatur. Am meisten hasste ich »Syrische Nationalerziehung«. Chemie hatten wir zweimal die Woche, das »Regierungsfach« dreimal, jedes Jahr in einer aktualisierten Version. Wenn die Halbjahresklausuren nahten, kam ich in einen echten Gewissenskonflikt. Sollte ich wirklich alle Zitate unseres verstorbenen und »unsterblichen« Führers Hafiz al-Assad auswendig lernen und danach die berühmten Worte seines noch sehr lebendigen Sohnes? Oder sollte ich meine kostbare Zeit in die Vorbereitung der Chemie- und Matheklausuren investieren?

Mein Hauptproblem war, dass ich – wie alle anderen auch – die »Regierungsbibel« sterbenslangweilig fand. Ich konnte mir die unzähligen heroischen Ereignisse und großen Worte einfach nicht merken. Ich hasste es, auf dem heißen oder kalten Schulhof zu stehen und auf die vom Direktor gebrüllte Frage »Wer ist unser Präsident für immer und ewig?« im Chor zu antworten: »Das ist unser ewig lebender Präsident Hafiz al-Assad!«

Wie gern hätte ich etwas mehr über den berühmten arabischen Gelehrten ibn Sina erfahren oder Texte von al-Kawākibī oder ibn Hayyān gelesen. Aber Pauken musste sein, denn es wäre wirklich nicht gut gewesen, im »Regierungsfach« durchzufallen.

Offenbar konnte ich trotzdem genug Chemie und Anatomie lernen, um mein Studium als Physiotherapeut abzuschließen, das dann sogar in Deutschland anerkannt wurde.

Aleppo, September 2012. Ich stehe vor dem Krankenhaus, in dem ich seit Ausbruch des Krieges als Freiwilliger arbeite. Eine dunkle Rauchwolke steigt zum Himmel. Ich komme gerade vom Hausbesuch bei einem der vielen Verletzten, der eine Armprothese brauchte. Ich weiß nicht, was dieser Rauch bedeutet. Wurde unser Krankenhaus bombardiert? Es heißt neuerdings, dass Krankenhäuser ein beliebtes Ziel der Kampfjets des Regimes seien. Während ich losrenne, höre ich mich reden: »War das eine Bombe? Sind meine Freunde tot? Nein, die Rauchwolke scheint von woanders zu kommen.« Und tatsächlich: Sie steigt aus einem der Mehrfamilienhäuser neben dem Krankenhaus auf. Wahrscheinlich eine Rakete oder eine Fassbombe.

Ich gehe ins Krankenhaus und entdecke die vielen Verwundeten; die meisten liegen auf dem Boden. Der Anblick ist schrecklich und macht mich traurig und wütend. Aber es gibt keine Zeit zu verlieren. Gerade jetzt muss man funktionieren. Die Ärzte müssen schnell entscheiden, wem sie zuerst helfen, wenn sie überhaupt helfen können.

Ein Suzuki-Pick-up bringt die nächsten Opfer des Angriffs. Wir müssen die Verletzten am Haupteingang von der Ladefläche ins Krankenhaus tragen. Ich nehme einen kleinen Jungen auf den Arm, er ist höchstens zehn Jahre alt. Er weint und ruft: »Mama, Mama, wo bist du?« Er ist voller Blut; ich habe Angst, dass er schwer verletzt ist. Seine Familie ist noch auf der Ladefläche. Der Vater ist bewusstlos, ihm fehlt ein Bein. Die Mutter des Kindes liegt neben dem Mann. Ohne Kopf. Die Geschwister – alle tot.

Täglich müssen wir solche Szenen erleben. Jeden Tag

wächst die Zahl der Menschen, die sich sehnlichst eine Arm- oder Beinprothese wünschen. Manche brauchen beides. Ist dies das Ergebnis unserer friedlichen Revolution?

Wie schnell der Krieg zum Alltag wurde und alle Pläne durchkreuzte! Erst ein Jahr zuvor, 2011, hatte ich meine erste Stelle als Kinder-Physiotherapeut angetreten, bei einem Verein, der von einer Schweizer Hilfsorganisation finanziert wurde. Das Konzept, die Therapie behinderter Kinder zu dezentralisieren, gefiel mir. Damit die kleinen Patienten nicht jedes Mal in die Großstadt gefahren werden mussten, wurden Behandlungszentren auf dem Land eingerichtet. Wir Therapeuten fuhren aufs Land, um vor Ort mit den Kindern und ihren Familien zu arbeiten.

Die Ausstattung unserer bescheidenen Praxisräume konnte nicht mit dem Standard deutscher Praxen mithalten. Aber wir waren stolz auf unsere Sprossenwand, auf das kleine Trampolin, auf die zwei bunten Sitzbälle. Besonders beliebt war bei den Kindern das pinkfarbene Hüpfpferd, auf dem sogar die Jungs gern ritten.

Ich mochte meinen Job als reisender Therapeut. Nicht nur wegen der Arbeit mit den Kleinen, sondern auch wegen der Gespräche mit ihren Eltern. Denn der Beginn meiner Tätigkeit fiel mit den Protesten in Syrien zusammen.

Jeden Montag seit Juli 2011 fanden friedliche, aber lebhafte Demonstrationen statt, an denen ich manchmal teilnahm. Wenn ich eine solche Montagsdemo besuchte, blieb ich über Nacht im Therapiezentrum oder kam bei der Familie eines Patienten unter, denn es war zu gefährlich, noch am selben Abend nach Aleppo zurückzufahren. Bei einer Militärkontrolle wäre ich sofort unter Verdacht geraten, zu den »Volksverrätern« zu gehören.

Die Diskussionen mit den Familien meiner kleinen Patienten waren eine Art Barometer für die Stimmung in der Bevölkerung. Und die Stimmung hier, westlich von Aleppo, war am Gären. Nicht umsonst hat das Regime ein halbes Jahr später das Polizeirevier in dieser Kleinstadt auflösen lassen – ein Zeichen dafür, dass der Ort als »Terroristennest« zum Abschuss freigegeben war. Ein paar Tage später fielen die Bomben. Zweimal die Woche fuhr ich mit dem Kleinbus in dieses Städtchen, über ein Jahr lang. Seit dem Sommer 2011 hatte sich die Fahrtzeit verlängert, denn es gab zwei neue Checkpoints, an denen wir kontrolliert wurden. Unzählige Male blieb mein Herz stehen, wenn der Wachposten sich vor unserem Kleinbus aufbaute, die Beifahrertür öffnete und mit bewegungsloser Miene die Hand ausstreckte und forderte: »Alle Personalausweise zu mir.«

Der Passagier hinter dem Beifahrer musste alle Ausweise einsammeln und dem Soldaten aushändigen. Gesichter wurden gemustert, Namen gerufen, jedes zweite Mal wurde einer der Reisenden herausgewunken. Was mit ihnen geschah, erfuhr man nicht, denn der Bus setzte sich danach wieder in Bewegung.

An einem solchen Checkpoint zwischen Ost-Aleppo und dem reichen Westen der Stadt ist mein Cousin Tarik verschwunden. Er ist bis heute unauffindbar – zur Verzweiflung seiner Frau, seiner zwei Kinder und seiner Eltern.

Auch aus einem anderen Grund wäre es nicht gut gewesen, bei diesen Fahrten zwischen Aleppo und dem Umland herausgefischt zu werden. Ich hatte noch nicht beim Militär gedient und mich auch nicht vorschriftsmäßig bei der zuständigen Behörde abgemeldet. Somit galt ich als Fahnenflüchtiger und wäre bei jeder gründlichen Kontrolle zum Militär eingezogen oder ins Gefängnis gesteckt worden.

Dass ich nicht namentlich aufgerufen wurde, lag vielleicht auch daran, dass der Geburtsort, der in meinem Ausweis stand, noch unter der Kontrolle der Regierung stand. Hätte in meinem »Perso« zum Beispiel Mare' oder Dar Ta'izzah gestanden, wo damals viele Demos stattfanden, wäre ich mit Sicherheit aus dem Bus herausgebrüllt worden: »Her mit dir, du Esel, du Affe!«

Solche klangvollen Anreden waren schon immer das Markenzeichen unserer Volksarmee gewesen. Jeder junge Rekrut musste sich an derlei Nettigkeiten gewöhnen, das gehörte zum Ritual der Entwürdigung.

Bis heute geht es mir so, dass ich beim Besteigen eines Busses – zum Beispiel nach Berlin – instinktiv nach dem »sichersten« Platz suche. Es gibt keinen Grund, in Deutschland etwas zu befürchten. Weder mein Flüchtlingsstatus noch meine Arbeitserlaubnis lassen Fragen offen. Trotzdem wird es dauern, bis sich dieser Reflex, bloß nicht aufzufallen, wieder legt.

Einer der Wachposten hätte auch mein Cousin Mussa sein können. Doch zum Glück war mein Lieblingsvetter zu dieser Zeit in Damaskus stationiert. Er war wie ein Bruder für mich. Da er seinen Vater vor vielen Jahren verloren hatte, waren wir seine zweite Familie.

»Wir werden alle Terroristen besiegen«, sagte er jedes Mal,

wenn jemand aus der Familie mit ihm telefonierte. Mussa erweckte nicht den Anschein, dass er wirklich wusste, was in seinem Syrien los war. Und unser Vater wollte auf keinen Fall, dass man seinen geliebten Neffen am Telefon über die Lage aufklärte. Die Angst, belauscht zu werden, saß zu tief. Vater erinnerte sich nur zu gut an die blutige Niederschlagung der Aufstände in Hama, Homs und Aleppo Anfang der 1980er-Jahre. Trotzdem hatte er es nicht für möglich gehalten, dass Homs bald wieder das Ziel staatlichen Terrors sein würde – und etwas später auch unsere Stadt.

Für meinen weisen Vater hatten auch die Wände Ohren. In seiner Gegenwart durften wir keine »revolutionsfreundlichen« TV-Sender schauen, wie zum Beispiel Al Jazeera, France 24 oder Deutsche Welle-Arabic. Er wollte keinen Besuch vom Geheimdienst bekommen. Wir Söhne fanden seine Vorsicht damals übertrieben.

Frühsommer 2012. Ich bin unterwegs zu meinem Cousin Mussa. Ich möchte ihn überreden, aus der Kaserne zu fliehen. Noch weiß ich nicht, ob es mir gelingen wird, mit ihm persönlich zu sprechen. Mein Vater und meine Tante wissen nichts von meinen Plänen; die Familie will nicht, dass Mussa irgendein Risiko auf sich nimmt.

Die Busfahrt von Aleppo nach Damaskus dauert normalerweise fünf bis sechs Stunden; jetzt sind es wegen der Umwege zehn. Wir meiden die sogenannten »heißen« Orte. Wir passieren Stadtteile, die das Regime »zurückerobert« hat, so wie in Homs oder in Idlib. Diese Fahrt öffnet mir noch mehr die Augen dafür, was in Syrien seit unserem »Frühling« vor sich geht. Ich fahre zum zweiten Mal in meinem Leben nach Damaskus, durchquere mein Land und entdecke überall verbrannte Erde: Die zurückeroberten Stadtteile liegen in Schutt und Asche. Bis heute sprayen die Regierungssoldaten mit Vergnügen an die Mauern der besiegten Orte: »Entweder Assad oder verbrannte Erde«.

Ich habe mich gut vorbereitet. Falls ich nach dem Grund meiner Fahrt gefragt werde, würde ich sagen: »Ich besuche meinen Lieblingscousin, der unserem Land treu dient.« Für den Fall der Fälle habe ich sogar meine Zeugnisse eingesteckt, um zu behaupten, ich würde mich an der Uni einschreiben wollen. Ich habe auch genug Geld zum Schmieren eingesteckt – man weiß nie, mit wem man es zu tun bekommt.

Die Kaserne liegt zum Glück zentral, es gibt genug Läden in der Nähe. In weiser Voraussicht kaufe ich eine große Tüte mit Kirschen, Mandarinen und Bananen. Es schadet nicht, ein paar milde Gaben für die wachhabenden Soldaten dabeizuhaben.

Und ich dringe tatsächlich bis zu meinem Cousin durch. Das Argument, ich wolle ihm nur etwas Geld bringen, zieht. Wir dürfen sogar zusammen aus der Kaserne, mit dem Auftrag, ein paar Grillhähnchen für seinen Offizier und seine Kameraden zu kaufen. Gut, dass ich genug Geld dabeihabe!

Kaum sind wir aus der Kaserne, schalten wir die Handys aus, und ich fange an zu erzählen. Von den zerstörten Städten, von den vielen Toten. Dass ich selbst an friedlichen Demos teilnehme, erzähle ich lieber nicht. Er muss nicht wissen, wie man mithilfe einer Telefonkette eine Demo an der Uni organisiert. So weit ist es gekommen, dass ich meinem Cousin, der für mich wie ein Bruder ist, nicht vertrauen kann. Er hört sich meinen Bericht fassungslos an und widerspricht. Ich würde mich irren, die Terroristen seien an allem schuld, nicht die Armee! Doch gegen Ende unserer kostbaren gemeinsamen Stunde ist er sehr nachdenklich geworden. Ich habe es geschafft, ihn zu überreden, einen Kurzurlaub zu beantragen, um seine Frau zu besuchen. Er soll behaupten, sie sei schwanger. Mit dem entsprechenden Schmiergeld würde das vielleicht gelingen. Später wollten wir uns dann wie zufällig in Homs treffen, so der Plan, aber das ist eine andere Geschichte.

Heute lebt Mussa mit seiner Familie in Jordanien, in einer kleinen Wohnung in der Nähe meiner Eltern und Geschwister. Er hat es tatsächlich geschafft, aus der Armee zu fliehen und später das zerbombte Aleppo zu verlassen. Bei der Flucht aus der Armee konnte er sein Syrien mit neuen Augen sehen, auch dank der zahlreichen Helfer, die ihm unterwegs Unterschlupf gewährten. Irgendwann wird er mir vielleicht erzählen, wie viel Geld er zahlen musste, um seinen gefälschten Urlaubsschein zu bekommen. Und wer ihm alles bei dieser gefährlichen Aktion geholfen hat.

Mein Cousin, der Deserteur, ist keine Ausnahme. Auch ich, der Kriegsdienstverweigerer, bin kein Einzelfall. Deutschland ist voll von jungen Syrern, die vor der Wehrpflicht geflohen sind. Ich werde oft gefragt, warum die jungen arabischen Männer nicht in ihrem Land bleiben, um ihre Heimat zu verteidigen. Aber welche Heimat hätte ich denn verteidigen sollen? Wäre ich imstande gewesen, diesem Staat zu dienen, der seine Untertanen wie lästige Parasiten behandelt? Das frage ich mich auch, wenn ich an meinen letzten Besuch bei der syrischen Militärbehörde denke.

Die meisten meiner männlichen Kollegen hier in Deutschland haben Zivildienst geleistet. Dieser Begriff existiert in meiner Muttersprache nicht – geschweige denn die Möglichkeit, den Dienst tatsächlich zu verweigern. Die syrische Armee, de facto seit 50 Jahren im Krieg mit Israel, um angeblich die Golanhöhen zu befreien, hat nicht den besten Ruf: Selbstmorde, Unfälle, Schikanen, verlorene Lebenszeit. Nicht umsonst wurden Familien, die nur einen Sohn haben, von der Wehrpflicht verschont. Mir war schon lange vor dem Krieg klar, dass ich auf keinen Fall zur Armee wollte. Doch da wir mehrere Brüder waren, hatte ich keine Chance, vom Dienst befreit zu werden. Die einzige Möglichkeit, diesem Albtraum für ein paar Jahre zu entgehen, war ein zweites Studium. Also kratzten wir in der Familie alle Reserven zusammen, damit ich mich für ein berufsbegleitendes Studium einschreiben konnte. Obwohl ich den kostbaren Studentenausweis bekam, reichte dieser nicht aus. Ich musste zur Militärbehörde, um mich dort offiziell abzumelden. Wie jeder männliche Syrer über 16 Jahre besaß ich einen sogenannten Militärpass; jetzt brauchte ich einen Stempel, der bescheinigte, dass ich für die Dauer meines Studiums vom Wehrdienst befreit war. Das sollte doch nicht so schwer sein!

Jeder Syrer wird standesamtlich im Geburtsort seines Vaters geführt; dasselbe gilt natürlich für die Syrerinnen. Generation für Generation fahren syrische Staatsbürger zur Geburtsstätte ihrer väterlichen Vorfahren, um Familienbücher,

Heiratsurkunden, Ausweise oder Wehrdienstbescheinigungen zu beantragen. Also setzte ich mich in den Bus und trat meine Reise Richtung Osten an.

Als ich nach anderthalb Stunden in der Kreisstadt ankam, wurde mir klar, dass das Warten lange dauern würde. Eine beachtliche Schlange wand sich durch das enge Treppenhaus nach oben, und sie schien sich kaum zu bewegen. Immer wieder wurden Männer an den Wartenden vorbeigelassen. Die Glücklichen hatten offenbar Beziehungen, oder sie hatten in weiser Voraussicht »Bestechungsagenten« eingeschaltet. Meine Familie besaß weder »Vitamin B« noch Schmiergeld. Zwei Tage lang fuhr ich abends unverrichteter Dinge wieder zurück nach Hause.

»*InschaAllah*, hoffentlich hat es geklappt?«, fragte mein Vater jedes Mal.

»Nein, hat es nicht«, antwortete ich resigniert.

Am dritten Tag tat sich etwas. Unsere Schlange fing bei den Treppen im Erdgeschoss an und endete vor einem Zimmer im zweiten Stock. Gegen Mittag erschien ein Uniformierter, kaum größer als ich, mit einer Zigarette im Mund.

Ein Student wagte zu fragen, ob es denn nicht schneller gehen könne, bitte, er warte schon seit drei Tagen. Daraufhin brüllte der *Naqib*, der Offizier, ihn an: »Halt die Klappe, du Affe! Denkst du, ich sitz hier nur faul herum, du Hund?«

Aber das Brüllen reichte nicht. Der *Naqib* löste seinen wuchtigen Uniformgürtel und schwang ihn über den Köpfen der ersten Reihe. Die Schlange wich nach hinten aus; ich stand auf dem mittleren Treppenabsatz und wäre fast erdrückt worden.

In diesem Moment wurde mir klar, dass ich keine Sekunde länger in diesem stickigen Treppenhaus bleiben wollte. Ich konnte diese Menschenverachtung nicht mehr ertragen und war nun noch fester davon überzeugt, dass ich dieser Armee niemals dienen würde – komme, was da wolle!

Zu Hause fragte mein Vater hoffnungsfroh: »Du bist ja früh zurück. *InschaAllah,* hast du endlich den Stempel in deinem Militärausweis bekommen?!« Als ich ihm erklärte, dass mich keine zehn Pferde mehr in diese Behörde kriegten, versuchte er mich zu beruhigen. Ja, er wisse, dass es nicht einfach sei, aber ich müsse es noch mal probieren. Es helfe nichts, man müsse Geduld haben. Als wir abends Besuch von meinen Cousins bekamen, versuchten sie ebenfalls – im Auftrag meines Vaters –, mich »zur Vernunft zu bringen«. Aber ich blieb bei meinem Nein. Zum Teufel mit diesem Stempel!

Es gibt Momente, in denen der Geduldsfaden unwiderruflich reißt. Ein solcher Moment war für mich der Anblick des brüllenden Offiziers, der den wartenden »Untertanen« mit seinem Gürtel drohte. In der Schlange standen nicht nur junge Männer, sondern auch betagte Väter und Mütter, die sich für ihre Söhne, die verhindert waren, den Stempel geben lassen wollten. Dieses Gefühl von Wut und Hilflosigkeit werde ich nie vergessen.

So muss es den Abertausenden DDR-Demonstranten ergangen sein, als sie in jener Novembernacht 1989 vor den Grenzübergängen der Berliner Mauer standen. Bei den Ersten von ihnen, die die Schranken erstürmten und damit Gefahr liefen, erschossen zu werden, war wohl auch der Geduldsfaden endgültig gerissen.

Vielleicht war der syrische »Frühling« 2011 eine verspätete Antwort auf die Wende in Osteuropa, eine Art verzögerte Kettenreaktion. 25 Jahre nach dem Ende der Sowjetunion schien die Assad-Ära zu Ende zu gehen, weil die jungen Bewohner des Landes nach Freiheit, Arbeit, Wohlstand und Respekt verlangten. Aber der syrische »Mauerfall« erwies sich als ein sehr schweres Unterfangen, weil die Mauern, die quer durch die syrische Gesellschaft und Wirtschaft verliefen, zahlreicher und unsichtbarer waren. Viel zu viele Parteien scheinen bis heute ein Interesse an der Erhaltung der Fronten, gar an der Errichtung neuer Mauern zu haben.

Trotzdem hoffe ich, dass eines Tages anstelle der heutigen blutgetränkten Fronten auch in meiner Heimat imaginäre »Lichtgrenzen« leuchten werden.

4. Die Ziege meiner Mutter

Seit meine Eltern im Exil leben, stehe ich täglich mit ihnen in Kontakt. Es müssen keine langen Telefonate sein, ein paar Worte oder eine SMS reichen aus. Es beruhigt mich zu hören, dass meine Brüder endlich Arbeit gefunden haben oder dass mein Vater seine Operation heil überstanden hat. Besonders freue ich mich über neue Videos mit meinen Neffen und Nichten. Neffe Numero 4 ist gerade drei Monate alt geworden.

Meine Mutter weint manchmal am Telefon.

»*Yom*, Mama, warum weinst du?«, frage ich dann.

»Weil ich dich und deine Geschwister vermisse.«

Leider sagt sie selten, dass sie sich freut, weil wir alle in Sicherheit sind. Ich weiß meistens nicht, wie ich sie trösten kann, und versuche es manchmal mit kleinen Späßen.

»Sag mal, Mama, weißt du, wie alt ich bin?«, fragte ich neulich.

»Natürlich weiß ich das!«

»Und, wie alt bin ich?«

»25.«

»Ach, Mama, ich bin doch schon 27!«

»So lange habe ich dich nicht gesehen, mein Sohn!«, rief sie.

Daten spielen für meine Mutter keine Rolle. Sie kann sich an vieles zwar besser erinnern als ich, aber auf eine andere Art und Weise. Wenn man sie fragt, wann etwas passiert ist, antwortet sie: »Als dein Onkel Hussein geheiratet hat.«

»Aber wann hat er denn geheiratet?«

»Drei Monate nachdem unsere Nachbarin Fatima ihr erstes Kind bekommen hat.«

Und so kann das endlos weitergehen. Der Lebenskalender meiner Mutter besteht eben aus Ereignissen und nicht aus Jahreszahlen.

Wozu sollte sie auch Daten und Termine behalten? Sie hat noch nie in ihrem Leben einen Brief von einer Behörde bekommen. So etwas gab es in unserem Syrien nicht. Menschen, deren Häuser keine Hausnummern und keinen Briefkasten besitzen, kriegen keine Post. Und ich kenne kaum einen Syrer, dessen Haus eine Nummer hatte. Es mag für europäische Ohren ungewöhnlich klingen, aber Briefe und Päckchen wurden nicht zu Hause zugestellt. Wenn ich einem Freund in Damaskus ein Paket schicken wollte, musste ich es in der einzigen Filiale, die in der Millionenstadt Aleppo existierte, aufgeben. Der Beamte sagte mir, wann es voraussichtlich in der Hauptstadt ankommen würde. Darüber informierte ich meinen Freund, damit er es in seiner Post abholte. Um in den Genuss eines Briefes zu kommen, musste man sich ein Postfach mieten.

Während meiner ersten Wochen in Deutschland staunte ich, wie viel Post meine Gasteltern bekommen. Meine Gastmutter, die mittlerweile wie eine zweite Mutter für mich ist, kämpfte sich täglich durch einen kleinen Berg von Briefen und Werbeflyern. Mit Zahlen und Terminen konnte sie offenbar gut umgehen, lesen und schreiben konnte sie auch, sogar E-Mails und WhatsApp-Nachrichten!

Meine Mutter, die zehn Kinder großgezogen hat und sämtliche Namen unserer Nachbarn, Tanten, Onkel und Cousins im Schlaf aufsagen konnte, stand ratlos vor jedem Straßenschild. Sie war hervorragend darin, Haus und Hof zu führen und uns alle satt zu bekommen, trotz unserer bescheidenen Finanzen. Sie legte die besten Vorräte für den Winter an. Doch allein zur Passbehörde zu gehen, das hätte sie niemals geschafft.

Seit ich in Deutschland lebe, habe ich ein besonderes Verhältnis zu Daten und Terminen. In unserem Haus in Aleppo hingen höchstens zwei Kalender an der Wand. Einer im Wohnzimmer, wo wir die Gäste empfingen, und einer bei uns Kindern. Die kleinen Abreißkalender hatten aber eher einen dekorativen und erbaulichen Zweck. Für jeden Tag im Jahr gab es eine Lebensweisheit oder einen Vers aus dem Koran. Welches Datum wir gerade hatten, war relativ unwichtig, und Termine, die man sich hätte aufschreiben müssen, kannten wir nicht. Die wiederkehrenden Ereignisse hatten wir im Kopf, alles andere erledigte man spontan.

Bei meinen Gasteltern hingen überall beschreibbare Wandkalender, sogar auf der Toilette. Auf einem entdeckte ich eines Tages überrascht meinen eigenen Namen – es war ein Geburtstagskalender. Sogar über ihre Geburtstage führten die Deutschen also eine Art Buch!

Mittlerweile bin ich in dieser Hinsicht eher deutsch als syrisch. In unserer WG zum Beispiel, die ich mit meinen Brüdern und einer deutschen Freundin teilte, wurde oft über mich gelacht. Faisal und seine Terminkalender, hieß es dann. Denn ich führe einen Wandkalender für meine Arbeitsdienste, einen Brüderkalender, einen WG-Kalender und einen privaten Terminkalender – nur für mich. Und natürlich hängt neben meinem Bett mein aktueller Loriot-Kalender – damit das Lachen nicht zu kurz kommt.

Was die Post angeht, habe ich mich ebenfalls integriert. Vielleicht weil ich in Syrien nie Briefe bekam, bin ich mittlerweile süchtig nach Korrespondenz. Würde ich meine E-Mails ausdrucken, wäre der Stapel noch um einiges höher als der Berg Post auf dem Küchentisch meiner Gastmutter.

Wenn ich heute an unserem schönen, massiven WG-Tisch meinen Kaffee trinke, muss ich oft an unsere karge Küche in Aleppo denken. Wie gern hätte meine Mutter einen richtigen Herd mit Backofen gehabt und nicht nur eine Kochplatte mit einer Gasflasche, die man alle zwei Wochen austauschen musste. Manchmal habe ich die Stimme meiner Mutter im Ohr: »Faisal, komm! Gasflasche wechseln!«

Seit meinem zwölften Lebensjahr etwa war das eine meiner Aufgaben im Haushalt: die leere Gasflasche wegbringen, eine neue kaufen, auf die Schulter stemmen und nach Hause schleppen. Manchmal machte ich das zusammen mit einem meiner Brüder, manchmal aber auch allein. Ich sehe mich noch den leeren, bauchigen Gasbehälter mit dem Fuß die staubige Straße entlangrollen. Ich höre mich leise fluchen, wenn im Laden an der Ecke die Gasvorräte schon ausverkauft waren. Denn je weiter weg das Geschäft lag, desto länger war der Rückweg.

Manchmal hatte ich Glück und erwischte das Gasauto an der nächsten Kreuzung. Erfreut hörte ich dann die Rufe des fahrenden Händlers, der aus seinem kleinen Lkw heraus »G-a-s, G-a-s!« rief oder die Kundschaft mit lauter Musik anlockte.

Als ich geboren wurde, war meine Mutter 27 Jahre alt. Bis dahin hatte sie drei Kinder entbunden, unter anderem meine fünf Jahre ältere Schwester Leyla, die sich fürsorglich um mich kümmerte. In den folgenden Jahren kamen weitere sechs Geschwister hinzu – und mit jedem neuen Baby ging ein kleines bisschen mehr Mama an die Familie verloren. Die mütterlichen Aufgaben wurden gerecht unter uns Kindern verteilt: Die Älteren betreuten die Jüngsten und mussten kochen und aufräumen, während wir Kinder in der Mitte andere Aufgaben zugeteilt bekamen. Dazu gehörte das Bestellen des Wassers.

Heute sind fließendes Wasser und tägliches Duschen für mich selbstverständlich. Manchmal nehme ich sogar eine zweite Dusche. Wenn ich zum Beispiel tagsüber in der Physiotherapiepraxis gearbeitet habe und abends Hausbesuche mache, wirkt eine Erfrischung zwischendurch Wunder.

In Aleppo hatten wir auch ein Badezimmer – das war der kleine Raum neben dem Ziegenzimmer. Nur stammte das Wasser, mit dem wir uns dort wuschen, nicht aus der Leitung, sondern aus unserem eigenen, selbst gemauerten Brunnen. Denn unser Stadtteil hatte bis 2009 keine Wasserleitung. Immer wenn das kostbare Wasser gebraucht wurde, ging jemand aus der Familie mit dem Zinkeimer zu unserem Brunnen. Und wenn der fast leer war, mussten wir dem »Wassermann« Bescheid geben. Wenn ich viel Glück hatte, durfte ich am nächsten Tag in seinem Traktor mitfahren, den riesigen Wassertank im Schlepptau.

Wir Kinder halfen, den Schlauch vom Wassertank bis zum Brunnen zu tragen. Als Junge fand ich es toll, die bebende Wasserschlange in den Händen zu halten und den Brunnen aufzufüllen. Es war aufregend, Verwalter unseres Wassers zu sein!

Als Kinder fanden wir diesen Aufwand ziemlich normal. Doch je älter wir wurden, desto bewusster wurde uns, wie kräftezehrend das für unsere Mutter war: ohne fließendes Wasser zu waschen, Essen zu kochen, Geschirr zu spülen, das Haus zu putzen, uns Kinder sauber zu kriegen, die Haustiere zu tränken! Je älter wir wurden, desto mehr Aufgaben übernahmen auch wir im Haushalt, und das war mehr als selbstverständlich.

Oft werde ich gefragt, wie es meine Eltern geschafft haben, so viele Kinder gesund großzuziehen und satt zu bekommen. Dafür muss man die Strukturen der syrischen Familie verstehen, denn eine westliche Kleinfamilie ist schwer mit einer vielköpfigen arabischen zu vergleichen. In meiner eigenen Familie, aber auch in vielen anderen, die ich kenne, mussten alle anpacken, nicht nur die Eltern. Man kann zu Recht behaupten, dass unsere Mutter mit jedem neuen Kind mehr und mehr zu einer Managerin wurde. Hatte sie zum Beispiel vor Kurzem entbunden oder war gerade ein Zicklein geboren, delegierte sie ihre Aufgaben an uns Kinder oder an die anderen Helfer aus der Großfamilie.

Seit sie Oma geworden ist, hat meine Mutter das Kochen an ihre Schwiegertöchter übertragen. Viele Kinder zu haben, kann also für die Eltern eine künftige Entlastung von der Hausarbeit bedeuten. Und auch eine finanzielle Absicherung im Alter.

Vielleicht vermochten die starke Hand meines Vaters und das barmherzige Wesen meiner Mutter aus uns ein besonders gutes »Rudel« zu bilden. Und doch war ein solcher Zusammenhalt durchaus üblich. Er war in unserer Schicht auch bitter nötig. Bis 2011 besaß keiner in meiner Familie ein Girokonto. Nicht einmal mein Vater, der seit seinem 16. Lebensjahr hart arbeitet. Wie die meisten Syrer erhielt er seinen Lohn bar ausbezahlt, Woche für Woche. Nur die Staatsbeamten bekamen ihr Gehalt monatlich ausgehändigt.

Donnerstag war Zahltag. Wenn mein Vater abends nach Hause kam, empfing ihn unsere Mutter mit den Worten: »*InschaAllah*, hoffentlich hast du deinen Wochenlohn bekommen?«

Wenn mein Vater das verneinte, musste an solchen Abenden jemand aus der Familie bei einem unserer Nachbarn anklopfen: »*Abu* Omar, kannst du uns 500 Lira leihen? In zwei Tagen wird Vater, *InschaAllah*, seinen Lohn bekommen.« Wenn der Nachbar genug Geld im Haus hatte, lieh er uns sofort Geld, denn wer weiß, vielleicht würde er nächste Woche an unsere Tür klopfen müssen.

Manchmal wurde mein Vater drei Wochen lang nicht bezahlt. In diesen endlos erscheinenden Wochen musste meine Mutter, die »Finanzministerin« der Familie, unser Taschengeld kürzen. Und wir bekamen andauernd Kartoffeln oder Bulgur in allen Variationen zu essen. Dank unserer paar Schafe und Ziegen gab es zur Abwechslung etwas Joghurt dazu.

Komischerweise mag ich Kartoffeln bis heute gern. Vielleicht freue ich mich deswegen auf das Kantinenessen in unserem Krankenhaus. Kein Mittagessen ohne Salzkartoffeln! Man wird satt, und es ist erschwinglich. Und als Kartoffelfan gilt man womöglich als gut integriert.

Wir lebten alle aus einem »Familientopf«. Alles, was mein Vater verdiente und was wir Söhne später beisteuerten, wurde gemeinschaftlich verwaltet. Ich weiß noch, wie ich mein erstes Gehalt als Physiotherapeut von meinem ersten Girokonto abhob und nach Hause brachte. Unterwegs kaufte ich ein buntes Kleid für meine Mutter, Geschenke für meine Schwestern und ein helles Gewand für meinen Vater. Es war ein unbeschreibliches Gefühl, die Freude und den Stolz in den Augen meiner Mutter zu sehen, als sie die Geschenke und das Geld entgegennahm.

Trotzdem warnte sie mich jedes Mal: »Behalte auch etwas für dich, mein Sohn. Man weiß nie, was für Tage noch kommen werden.« Damit bezog sie sich auf ein arabisches Sprichwort, in dem es heißt, man solle »weißes Geld für schwarze Tage sparen«. Dass ich trotzdem wenig bis nichts gespart habe, liegt zum Teil an einem anderen Rat meiner Mutter. Sie wollte immer wissen, wer meine Patienten waren. Wenn ich ihr erzählte, dass ich oft arme Familien besuchte, die kein Geld für die Behandlung ihrer behinderten Kinder hatten, dann fragte sie: »Hilfst du ihnen manchmal mit Geld aus? Mach das!«

Das bewundere ich an ihr. Sie ist sehr großzügig, obwohl wir selbst nicht viel haben. In ihrem Herzen ist sie eine echte Muslimin – was nicht bedeutet, dass alle frommen Muslime gern abgeben. Auch an einen anderen ihrer Sätze erinnere ich mich genau: »Wenn du anderen hilfst, wird diese Hilfe eines Tages zu dir zurückkommen.«

Die menschliche Hilfe, die ich hier in Deutschland erfahren habe, gibt meiner Mutter recht. Neulich war ich wieder zu Besuch bei meiner Hamburger Gastfamilie. Die drei Kinder sind schon aus dem Haus, doch ihre früheren Zimmer stehen ihnen weiterhin offen, auch für Gäste wie mich.

Es ist immer wieder interessant zu erleben, wie Familie in Deutschland gelebt wird. Die Kinder wollen und sollen möglichst schnell auf eigenen Füßen stehen – finanziell und auch, was das Wohnen betrifft. Ein eigenes Girokonto für jedes Familienmitglied ist selbstverständlich, die eigenen vier Wände auch. Man folgt eher dem Prinzip »Wenn jeder *für sich* sorgt, ist *für alle* gesorgt« als dem Motto »Zusammen sind wir stärker«.

Obwohl der Sohn meiner Gasteltern in derselben Stadt studiert, wohnt er in einer WG, während sein Zimmer im Haus leer steht. Meine Mutter hätte geweint, wenn ich in derselben Stadt studiert hätte und trotzdem ausgezogen wäre. Vielleicht hat meine Gastmutter auch heimlich geweint, aber sie sagt, dass sie das gut findet.

Fast alle Deutschen, mit denen ich darüber gesprochen habe, finden es erstrebenswert, wenn die Alten und die Jungen getrennt leben. Vielleicht denke ich in ein paar Jahren ähnlich. Aber derzeit wünsche ich mir noch immer das Leben einer Großfamilie, die unter einem Dach wohnt.

Ich war noch nicht lange in Deutschland und noch ganz neu in der Altenpflege, aber immer, wenn sich die Gelegenheit ergab, tauschte ich mich mit Arbeitskollegen über das Leben in Syrien und Deutschland aus. Eines meiner ersten Gespräche über Familie und Kinder führte geradewegs in ein Fettnäpfchen. Ich arbeitete an diesem Tag mit Sven, einem gelernten Altenpfleger. Er fragte mich, wie viele Geschwister ich habe. Als ich ihm von meiner Familie erzählte, fragte ich anschließend zurück:

»Und du? Wie viele Kinder hast du?« Eine durchaus berechtigte Frage, wie ich fand, da Sven Ende dreißig war. Er stockte, bevor er mir antwortete: »Vielleicht muss man diese Frage anders stellen. Man sollte vielleicht zuerst fragen, ob jemand überhaupt Kinder hat. Und auch, ob derjenige überhaupt verheiratet ist.«

Als er dann noch sagte: »Nee, Kinder habe ich nicht; aber zwei Hunde!«, war ich endgültig verwirrt. Natürlich halten wir auch in Syrien Hunde. Im Dorf meines Vaters besaß jede Familie einen Haushund, aber die Tiere waren eher Wächter und Hirten als Familienmitglieder.

Erst ein paar Wochen später konnte ich besser verstehen, was Sven meinte – als ich einen Nebenjob als Begleiter einer feinen älteren Dame fand.

Frau Hoffmann brauchte jemanden, der ihr beim Einkaufen half oder sie beim Spazieren an der schönen Hamburger Alster begleitete. Ich genoss unsere Treffen, denn ich konnte mit dieser weltoffenen und freundlichen Dame über alles reden. Nur eines hat sie mir bis zum Ende ihres Lebens nicht verraten: ihr Alter.

An einem Nachmittag im April, an dem die Sonne sich nur schüchtern hervorwagte, machten wir einen unserer üblichen Spaziergänge entlang der Alster. Die Route führte an der Hundewiese vorbei, und mir fiel auf, dass im Park eine ungefähr gleiche Anzahl von spielenden Hunden und spazierenden Menschen anzutreffen war. Entweder waren alle im Park, außer mir und Frau Hoffmann, Hundehalter, oder es waren Personen mit mehreren Hunden unterwegs. Während ich darüber grübelte, fragte mich Frau Hoffmann: »Hattest du schon mal einen Hund?«

»Meine Mutter hatte mehrere Ziegen«, antwortete ich.

»Und einen Hund?«

»Nein, einen Hund hatten wir in Aleppo nicht. Aber in unserem Familiendorf gehörte zu jedem Haus ein Hund.«

Wir setzten uns auf eine sonnige Bank gegenüber der Hundewiese und unterhielten uns weiter über Vierbeiner.

»Frau Hoffmann, warum haben die Menschen hier so viele Hunde? Ist das ein Gesetz?«, neckte ich sie.

Sie lächelte: »Die Deutschen lieben Haustiere und Hunde ganz besonders.«

Während ich meinen Gedanken nachhing, hörte ich sie plötzlich zu jemandem reden, mit einer hohen, kindlichen Stimme: »Na, du Kleiner, du bist aber verspielt! Hast du die Sonne genossen?« Und dann zu mir, wieder in normaler Tonlage: »Ist er nicht niedlich?«

Erst jetzt sah ich den kleinen Hund, der schwanzwedelnd vor ihr stand und zu ihr hochschaute.

Da kam die Besitzerin herbei und rief: »Komm, wir müssen schnell nach Hause, bevor es anfängt zu regnen!«

Schnell schob Frau Hoffmann eine Frage hinterher: »Wie alt ist denn Ihr Süßer?«, und am Ende dauerte das Gespräch 30 Minuten.

Offenbar hatten es die Hundebesitzer in Deutschland weniger eilig als Menschen ohne Hunde, und sie fanden Zeit für einen Plausch mit älteren Damen und nicht nur mit ihren geliebten Vierbeinern.

Auch meine Mutter redete gern mit unseren Ziegen. Besondere Zuwendung genossen die frisch geborenen Zicklein und ganz besonders die Frühchen, die manchmal schon im Januar statt im März kamen. Der Januar kann auch in Syrien recht kalt werden, und da wir im Winter nur das Wohnzimmer heizten, hielten wir uns tagsüber alle dort auf, samt Zicklein. Die zitternden Frühchen bekamen Strickjacken oder Pullis von uns Kindern und auch extra Milch, damit sie zu Kräften kamen. Da sie dadurch unsere Milchvorräte dezimierten, gingen wir Kinder manchmal leer aus. Trotz allem Futterneid wurden wir doch durch den Anblick der kleinen schmatzenden Ziegenmäuler entschädigt. Es gibt nichts Schöneres, als einem Ziegenbaby eine Milchflasche zu geben!

Wenn die ersten warmen Tage kamen, führten wir älteren Geschwister die ausgehungerten Ziegenmütter ins Grüne. Da wir am Rande der Stadt wohnten, gab es genug Gras und Geäst. Und wenn wir nach drei Stunden zurückkamen, freuten wir uns zusammen mit den Zicklein über das Wiedersehen mit ihren Mamas. Als Hirtenjunge lernte ich nach Schulschluss manches über die Fortpflanzung und das Kinderkriegen bei Ziegen und Schafen. Denn einige Male waren mein Bruder und ich erfolgreich Hebamme und trugen dann stolz den frisch geborenen Ziegennachwuchs nach Hause.

Einmal, als ich von der Schule nach Hause kam, fand ich meine Mutter weinend vor. Eine ihrer Lieblingsziegen war gestorben. Ich wunderte mich damals, wieso ihr das so zu Herzen ging, und konnte nicht verstehen, dass sie tagelang um diese Ziege trauerte, als ob eines ihrer Kinder gestorben wäre.

Heute kann ich ihre Trauer etwas besser nachvollziehen. Diese Ziegen, die jeden Frühling ihre Zwillinge zur Welt brachten, deren Milch wir in den kargen Wochen zu Joghurt verarbeiteten und an deren Fellen wir Kinder uns wärmten, waren für meine Mutter so etwas wie Freundinnen, die ihr hartes Leben aufheiterten und erleichterten.

Wenn ich heute meinen Einkaufswagen durch einen klimatisierten deutschen Supermarkt schiebe, muss ich an jenen heißen Tag denken, als meine Mutter vom Einkaufen zurückkam. Ich lernte gerade für die Abi-Prüfung und fragte mich, wo unsere Mutter blieb. Sie sei einkaufen gegangen, sagten meine jüngeren Geschwister. Aber warum hatte sie mir denn nicht Bescheid gesagt? Ich hätte ihr doch helfen können. Sicher würde sie mit dem *Dreziner* nach Hause kommen, dem Billigtaxi, das die Leute vom Markt nach Hause brachte.

Doch der *Dreziner* kam und kam nicht. Nach ein oder zwei Stunden hörte ich den schweren Klopfer an unserer Haustür.

Vor dem Haus stand meine Mutter, inmitten prall gefüllter Tragetaschen, mit rotem Gesicht und völlig aus der Puste.

Ich stürzte auf sie zu: »Bist du mit dem *Dreziner* gekommen? Ich habe nichts gehört.«

»Gib mir bitte kaltes Wasser«, erwiderte sie nur. Sie war zu Fuß mit den ganzen Einkäufen durch die Hitze gelaufen, um Geld zu sparen. Es waren mindestens 35 Grad gewesen.

Ich habe mich in diesem Moment so gehasst, dass ich weinen musste. Warum hatte ich es nicht mitbekommen, als sie sich auf den Weg zum Markt machte? Sie hatte es bewusst verschwiegen, damit ich für die Prüfung lernen konnte. Damit mein – unser – Leben eines Tages leichter sein würde.

5. Mein Männerleben als »Jungfrau«

Es war ein ungewöhnlich warmer Morgen im März 2010. Ich hatte auf der Dachterrasse unseres Hauses geschlafen, als mein Handy klingelte. Normalerweise wäre ich längst von der Sonne geweckt worden, aber diese arbeitsfreien Tage waren so selten. Unter der Woche studierte ich an der Uni, am Wochenende halfen wir unserem Vater auf dem Bau.

Meine Eltern und Geschwister hatten im Innenhof geschlafen, also war ich hier oben allein, zum Glück. Denn am Telefon war Evin, meine kurdische Kommilitonin. Sie hatte noch nie so früh angerufen! Ich war ziemlich aufgeregt. Angeblich wollte sie etwas über das gestrige Orthopädie-Seminar wissen, aber ein Wort gab das andere, und so kamen wir ins Plaudern. Ich lehnte an der aufgewärmten Mauer und genoss ihre Stimme, als sie mich etwas Unerwartetes fragte: »Möchtest du mit uns *Newroz* feiern?«

Mich, den Araber, lud sie zu ihrem kurdischen Neujahrsfest ein, das sie zusammen mit ihrer großen Familie und vielen anderen Kurden aus Aleppo feiern würde!

»Aber das ist eine viel zu große Ehre für mich! Was sagen deine Eltern dazu?«

»Ach, die merken das nicht, da werden so viele Gäste auf der Feier sein. Kommst du, oder traust du dich nicht?«

Ich habe nicht lange gezögert und zugesagt.

Obwohl ich relativ leise geredet hatte, muss meine Mutter das Gespräch gehört haben, denn als ich nach unten ging, fragte sie: »Du hast mit einem Mädchen gesprochen, oder?«

Ich lächelte nur. »Ist sie hübsch? Kommt sie aus einer guten Familie?«, bohrte meine Mutter weiter.

Da ich nichts weiter sagte, gab sie mir einen liebevollen Klaps auf die Wange: »Du bist verliebt, gib es zu.«

Sie hatte recht, aber ich wollte es nicht zugeben. Ich kannte Evin schon länger, aber erst seit Kurzem gab es dieses Knistern zwischen uns.

»Ach, nein«, sagte ich, »das war nur eine Studienkollegin. Sie wollte etwas über die Uni wissen.«

Meine Mutter ließ nicht locker: »Wenn du in sie verliebt bist, dann heirate sie, mein Sohn! Du bist schon 21! Warte nicht, bis die Zeit euch auseinanderreißt.«

Wie recht sie damit hatte! Evin und ich ahnten an diesem friedlichen Frühlingsmorgen nicht, dass uns zwei Jahre später der Krieg auseinanderreißen würde.

»Aber, mein Sohn, du weißt, dass du um ihre Hand anhalten musst, bevor du wagst, mit ihr auszugehen. Sonst wäre das *haram*, eine Sünde!«

»Keine Angst, *Yom*«, sagte ich. »Ich bin nicht verliebt!«

»Ach, wie schade!«, seufzte sie.

Unsere Mütter wollten immer nur das eine: dass ihre Söhne und Töchter möglichst schnell unter die Haube kamen und so schnell wie möglich Kinder kriegten.

Und niemals etwas taten, was *haram* war.

Meine deutsche Gastmutter hingegen schien anders darüber zu denken.

Herbst 2015. Ich lebe seit fast einem Jahr bei meiner Gastfamilie in Hamburg. Obwohl ich schon lange nach einer eigenen Wohnung suche, fühle ich mich hier weiterhin willkommen. Ich darf sogar Gäste empfangen! Vor Kurzem habe ich eine spannende junge Frau kennengelernt, bei einer Flüchtlingsinitiative. Sie wird mich heute besuchen, aber erst spätabends. Vielleicht wird sie sogar bei uns übernachten.

Von ihr weiß ich wenig, außer dass sie am Rande der Stadt wohnt und bald woanders studieren will. Ich finde sie attraktiv und habe sie als hilfsbereit erlebt, trotzdem bin ich innerlich distanziert.

Mich treiben andere Dinge um: Meine Eltern und Geschwister versuchen gerade, der Hölle Aleppos zu entkommen. Dennoch freue ich mich sehr auf den Besuch der jungen Frau und hoffe, dass wir unsere Freundschaft vertiefen. Daher bin ich froh, sie meinen »deutschen« Eltern vorstellen zu dürfen.

Aber als ich von der Arbeit nach Hause komme, finde ich das Wohnzimmer leer vor. Ich hatte meine Gasteltern davor angerufen und gefragt, ob eine Freundin zu Besuch kommen kann, und wie immer lautete die Antwort: »Natürlich.«

Wo bleiben sie? Sie wollen doch sicher mit uns zusammensitzen, Tee trinken und erzählen. Und sie sind bestimmt gespannt, meine Bekannte kennenzulernen. Denn sie ist wie ich muslimisch, trägt ein modisches Kopftuch und Jeans, ist hier aufgewachsen und scheint nicht auf den Kopf gefallen zu sein. In Syrien wären alle neugierig auf sie gewesen.

Als ich nach meiner Gastmutter rufe, meldet sie sich aus meinem Zimmer unterm Dach.

»Was machst du, Ulrike?«, frage ich.

»Ich beziehe dein Bett neu.«

»Warum?«

»Wie, warum? Ich dachte, ihr schlaft in einem Zimmer, äh, in einem Bett!« Sie wirkt überrascht und fast ein wenig enttäuscht. Und ich habe irgendwie ein schlechtes Gewissen, dass ich ihre Erwartungen nicht erfülle.

»In einem Bett? Das geht nicht!«, sage ich.

Ulrike ist eine kluge und feinfühlige Frau, ich glaube, die Situation ist ihr peinlich. Sie hat einen Sohn, der schon aus dem Haus ist. Er hat etliche Freundinnen gehabt, mit denen er sicher oft in einem Bett geschlafen hat, und zwar unter genau diesem Dach.

Um das Ganze aufzulockern, mache ich einen meiner Witze: »Aber Ulrike, willst du etwa, dass in eurem Haus gesündigt wird? Und ich meinen Platz im Paradies verliere? Wer weiß, vielleicht rufst du noch bei meinen Eltern an und erzählst, dass Faisal *haram* begangen hat.«

Ulrike kennt das Wort *haram* zur Genüge. Sie lacht und klopft mir auf die Schulter.

»Alles gut, Faisal!«

»Und wo ist Erhard?«, frage ich. Erhard ist mein Gastvater. Normalerweise arbeitet er im Wohnzimmer an seinem Laptop.

»Der ist oben in seinem Arbeitszimmer.«

Als ich zu Erhard gehe und frage, warum er dort sitzt, sagt er: »Ulrike hat mir verboten, unten im Wohnzimmer zu arbeiten.«

Ulrike hatte ihm erzählt, dass ich heute Besuch erwarte und er das Terrain räumen soll.

Der anschließende Abend verlief sehr angenehm. Meine Gasteltern lernten zwar meine Bekannte kurz kennen, blieben aber konsequent oben. Als später noch ihre Tochter mit ihrem kanadischen Freund dazukam, war die Runde richtig international. Die beiden gingen anschließend gemeinsam in ihr Zimmer.

Meine Bekannte blieb doch nicht über Nacht, sie fuhr zu später Stunde mit dem Auto nach Hause. Das Gästesofa war umsonst hergerichtet worden.

Dieses kleine Erlebnis lehrte mich ein weiteres Mal, wie unterschiedlich man mit dem Thema voreheliche Sexualität in Deutschland und in Syrien umgeht. Wenn man hierzulande über Liebe spricht, meint man offenbar nicht unbedingt die eheliche Liebe, sondern Leidenschaft und Beziehung generell, und immer schwingt dabei das Thema Sex mit.

»Und? Hast du schon eine Freundin?«, werde ich oft gefragt. Es scheint selbstverständlich zu sein, eine Partnerin zu haben, obwohl man nicht verheiratet ist. Es scheint sogar ein regelrechtes Manko zu sein, wenn man in meinem Alter noch immer Single ist. Es ist so, als ob man einen Schaden hätte.

Ich liebe den Feierabend. Ich kann mich noch gut an das erste längere Gespräch mit Anton erinnern, einem netten Kollegen, als wir nach der Arbeit ein Stück zusammen gingen. Als Pfleger hat er alles Mögliche gesehen und erlebt, und er ist sehr neugierig und offen. Besonders, was Frauen betrifft.

Diesmal unterhielten wir uns über den Unterschied zwischen deutschen und südländischen Frauen. Damit hatte ich ehrlich gesagt keine Erfahrung. Ich erzählte ihm aber, dass ich eine echte Italienerin kenne, Vittoria, aus meinem Deutschkurs in Berlin. Sie war nicht nur lustig, sondern unglaublich hübsch. Und sie hatte mich sogar in Hamburg besucht.

»Eine ausgesprochen zarte Aprikose«, sagte ich anerkennend.

»Ist das der arabische Ausdruck für ›heiße Biene‹?«, hakte Anton nach.

»Was ist eine ›heiße Biene‹?«, fragte ich zurück.

»Eine sexy junge Frau«, grinste er.

»Mag sein. Auf jeden Fall gibt es einen alten arabischen Song. Er heißt ›Morgen gibt es Aprikosen‹, und in ihm werden die roten Bäckchen einer jungen, hübschen Frau besungen: die Aprikosen – als Symbol für Hoffnung, Zukunft und Fruchtbarkeit.«

»Ja, Aprikosen liegen gut in der Hand«, lachte Anton. »Zarte Aprikosen, das muss ich mir merken. Und, hast du schon mit Vittoria …«

Ich stellte mich dumm.

»Was hab ich schon?«

»Na ja, du weißt schon. Warst du schon mit ihr im Bett?«

»Natürlich nicht. Was denkst du denn über mich?«, fragte ich.

»Na ja, ist doch nichts Schlimmes dabei. Ich würde mir eine solche ›Aprikose‹ nicht entgehen lassen.«

Da Anton schon eine kleine Tochter und eine Frau hatte, war ich mir sicher, dass er sich auf die Zeit vor seiner Ehe bezog. Und so klärte ich ihn auf, dass ich noch »Jungfrau« bin und dass ich das bleiben möchte, bis ich die Richtige gefunden habe.

Meinem Kumpel klappte die Kinnlade herunter.

»Was? Du bist bald 27 und hast noch nicht …?« Anton selbst war 28.

»Genau, ich habe noch nicht …«, unterbrach ich ihn.

Bald wussten einige Freunde, dass der nette syrische Kumpel noch »Jungfrau« ist. Doch nicht Anton war schuld an der Verbreitung dieser Nachricht, sondern ich selbst. Heute frage ich mich, warum ich das so freimütig erzählt hatte. Mein Sexualleben ging doch niemanden etwas an!

Ich glaube, ich habe es aus folgenden Gründen getan: Zum einen wollte ich sehen, ob die anderen Freunde auch solche verblüfften Gesichter machen würden. Zum anderen war ich ein bisschen stolz, eine exotische Minderheit zu sein. Alle redeten von Integration. War das nicht eine willkommene Gelegenheit für meine deutsche Umgebung, einen jungen Muslim kennenzulernen – wie er lebt und liebt? Sie hatten doch auch das Recht, in meine Moralvorstellungen integriert zu werden.

Hin und wieder denke ich an die schöne Italienerin aus meinem Deutschkurs. Denn als ich damals die »Lichtgrenze« entlang der ehemaligen Berliner Mauer fotografierte, war ich nicht allein, sondern mit Vittoria unterwegs. Nur wir zwei! Ich war, glaube ich, mehr damit beschäftigt, ihre hell erleuchteten Aprikosenbäckchen zu bewundern als die Lichtinstallation. Kurzum – wir fanden uns gegenseitig sehr sympathisch. Aber war ich deswegen verliebt? Mag sein, aber ich habe es nicht gemerkt, oder ich habe dieses Gefühl nicht zugelassen, weil ich spürte, dass Vittoria nicht die Frau meiner Kinder sein kann. Vielleicht lag es an den »roten Linien« in meinem Kopf, die ich nicht übertreten wollte.

Ich möchte nicht falsch verstanden werden. In den letzten zweieinhalb Jahren, die ich in Deutschland verbrachte, habe ich viele spannende Frauen aus verschiedenen Kulturen kennengelernt. Ich hätte die Gelegenheit gehabt, mit der einen oder anderen eine Beziehung anzufangen, im westlichen Sinne. Aber mein Verständnis von Liebe ist stark von der islamischen Moral geprägt. Ich bin mit der Überzeugung groß geworden, dass ein Mann und eine Frau sich erst dann sexuell begegnen sollen, wenn sie die Absicht haben, miteinander zu leben und eine Familie zu gründen.

Meinen Kumpel Anton schien das Thema sehr zu beschäftigen – viel mehr als mich. Ein paar Tage später fragte er mich während einer Pause: »Stell dir vor, du hast die Frau fürs Leben gefunden und dann heiratet ihr. Was macht ihr, wenn ihr merkt, dass ihr nicht zueinander passt? Lässt du sie sitzen? Oder vielleicht langweilt sie sich mit dir im Bett zu Tode? Darf sie dann gehen?«

Ich weiß es nicht, um ehrlich zu sein. Würde ich meine Frau gehen lassen, wenn sie mich nicht mehr lieben kann? Dem Koran zufolge müsste ich das tun. Aber in der Praxis?

Aus meinem persönlichen Verwandten- und Bekanntenkreis kenne ich nur drei syrische Paare, die sich getrennt haben. In allen Fällen waren es die Frauen, die von ihren Männern weggelaufen sind, weil diese gewalttätig waren oder sie betrogen hatten. Alle haben gemeinsame Kinder. In meinen zweieinhalb Jahren in Deutschland hingegen habe ich mindestens zehn Menschen kennengelernt, die von ihren Ehepartnern verlassen wurden oder sich getrennt haben.

Aber was nützt es mir, daran zu denken, dass ich als Ehemann »versagen« könnte? Also antwortete ich Anton: »Meine Eltern, meine Brüder, meine ältere Schwester und meine Cousins haben es alle geschafft, bei ihren Partnern und ihren Familien zu bleiben. Warum soll ich es nicht schaffen?«

»Aber bleiben sie nur aus Liebe zusammen?«

»Das habe ich sie nicht gefragt. Aber sie wirken nicht unglücklich.«

Als ich neu in Deutschland war, musste ich mich daran gewöhnen, wie allgegenwärtig hier Erotik ist. Von den Werbetafeln schauen einem leicht bekleidete Frauen und Männer entgegen. Auch auf den Titelseiten vieler Zeitungen, Magazine und in den Werbepausen im Fernsehen ist der Sex-Appeal präsent. Manchmal habe ich das Gefühl, dass die Menschen, die seit Langem hier leben, das gar nicht mehr wahrnehmen.

Vor einiger Zeit war ich zu Besuch bei einer deutschen Freundin, deren Sohn vorm Schlafengehen eine Kindersendung schauen durfte. Während wir unseren Milchreis aßen, fing ein Film an, der über die Pubertät aufklärte. Der Junge, elf Jahre alt, sah sich die Sendung eine Zeit lang an. Auf dem

Bildschirm wurde mithilfe von Körperanimationen gezeigt, wie sexuelle Erregung bei Jungs und Mädchen funktioniert. Entsprechende Körperteile blinkten, während die heiteren Stimmen der Moderatoren die Vorgänge erklärten. Ich weiß nicht, wie viel der Elfjährige verstand, meine Ohren wurden jedenfalls rot, und die Freundin schien auch etwas irritiert zu sein. Als ihr Sohn nach zehn Minuten sagte, dass er das langweilig finde und lieber etwas anderes sehen wolle, waren wir beide erleichtert.

Ich war ehrlich gesagt etwas irritiert. Dass ein Elfjähriger einen solchen Film sieht, dazu noch im Beisein seiner Mutter, wäre in Syrien unvorstellbar. Trotzdem hätte ich mich als heranwachsender Junge über einen solchen Film wahrscheinlich sehr gefreut und ihn sicher angesehen.

Wenn ich an meine eigene Sexualaufklärung denke, fällt mir nicht unbedingt der staatliche Anatomieunterricht in der 8. Klasse ein. Dort ging es allgemein um den menschlichen Körper und seine Funktionen, und nur ein paar Stunden des Unterrichts waren der Fortpflanzung gewidmet.

Richtig aufgeklärt wurde ich weder von den Lehrern noch von meinem Vater oder meinen Brüdern, sondern von einem Mitschüler mit dem bedeutungsvollen Namen Issa – was auf Arabisch Jesus bedeutet.

Issa war zwei Jahre älter als der Rest der Klasse. Vielleicht hatte er es sich deshalb zur Aufgabe gemacht, uns über die »schönste Sache der Welt« aufzuklären. Er scharte dauernd kleine Grüppchen um sich, bis auch der sexuell Unterbelichtetste Bescheid wusste. Da wir seit der 7. Klasse eine reine Jungenklasse waren, hatte er eine Menge zu tun.

Ich kann mich besonders gut an folgendes Gespräch erinnern: Es war in der ersten Pause, und wir wollten Fußball spielen, als Issa sagte: »Ach, vergesst euren Fußball! Ich muss euch von meinem Traum erzählen. Ich habe mit einer Frau geschlafen!« Dann folgten bildreiche Details, an die ich mich nicht mehr so genau erinnere. Aber es war das erste Mal, dass ich jemanden so freimütig über Sexualität sprechen hörte. Ich weiß nicht, ob es diesen Traum wirklich gab oder ob mein Mitschüler ihn nur erfand, um uns zu beeindrucken. Jedenfalls schien unser Jesus eine Mission zu haben: uns über die Ursünde aufzuklären. Was Issa heute macht, weiß ich nicht, vielleicht ist er Sexualtherapeut geworden …

»Aber war das für dich nicht seltsam, dass Jungs und Mädchen bei euch getrennt unterrichtet wurden?«, werde ich manchmal gefragt.

»Im Gegenteil«, antworte ich im Scherz. »Wie hätte ich meinen Realschulabschluss schaffen sollen, wenn 15 zarte Aprikosen um mich herum sitzen und tuscheln?«

Aber im Ernst: Ich fand es angenehm, in einer reinen Jungenklasse zu sein. Man war unter sich, konnte entspannt dem Unterricht folgen und brauchte sich nicht dauernd vor den Mädchen aufzuplustern.

In Syrien gingen die Schüler nach der 6. Klasse in eine weiterführende Schule, die zu 95 Prozent nach Geschlechtern getrennt war. Dort blieb man bis zur 9. Klasse, bevor man erneut wechselte.

Manche dieser Schulen lagen ein paar Straßen voneinander entfernt, andere trennte nur eine Wand. In diesen Fällen gab es immer kletterfreudige Jungs, die sich auf die Mauer hockten und den Mädchen Zettel zuwarfen oder einfach flotte Sprüche.

Wenn die Mädchenschule weiter entfernt war, wie bei mir, dann ging man »pilgern«. So hießen die Besuche, die wir nach Schulschluss dem anderen Geschlecht abstatteten. Die Lehrer wussten natürlich davon, und die Netteren von ihnen zogen uns liebevoll auf: »Na, geht ihr heute pilgern?«, fragten sie dann.

Es waren aufregende und zugleich harmlose Ausflüge. Manche meiner Mitschüler – Issa natürlich vorneweg – waren so mutig, dass sie die Mädchen direkt ansprachen oder ihnen kleine Briefe übergaben. Ich gehörte zu den eher Zurückhaltenden. Aber ich hatte mich in der Zeit sowieso anderweitig verguckt – in die Tochter unseres Kioskhändlers.

Später, an der Uni, studierten wir jungen Männer und Frauen wieder gemeinsam. Manchmal saß ich unter lauter weiblichen Kommilitonen; dort lernte ich auch meine spätere Verlobte kennen. Doch in den Pausen oder nach dem Unterricht hatte man eher mit den männlichen Studienkollegen zu tun. Intensive Gespräche oder einen Tee zusammen zu trinken – dabei waren wir Jungs mehr unter uns. Ob Sunniten, Kurden, Christen oder Alawiten.

Bei diesen Gesprächen »unter Männern« wurde auch über Sex gesprochen. Manch einer erzählte hinter vorgehaltener Hand, dass er es schon mal »gemacht« habe. Entweder mit einer der stadtbekannten Prostituierten oder mit einem »normalen« Mädchen.

Aber wenn man ihn fragte: »Und wirst du sie heiraten?«,

kam prompt die Antwort: »Nie, so eine würde ich doch nicht heiraten.«

Mich empörte diese Doppelmoral. Warum blieben die Kerle nicht bei den Mädchen, mit denen sie ihren Spaß gehabt hatten? In Deutschland ist es übrigens gerade einmal hundert Jahre her, dass es diese heuchlerische Moral auch gab, wie man mir erzählte. Der »Untertan« im gleichnamigen Roman von Heinrich Mann verführt zuerst ein Mädchen – und erklärt dann ihrem Vater, er könne sie nicht heiraten, weil sie ja keine Jungfrau mehr sei.

In meinen ersten Wochen in Deutschland habe ich immer wieder über den offenen Umgang mit Sexualität gestaunt. Ich war unterwegs zu den Feierlichkeiten zum Mauerfall, als ich auf einer der Brücken vor dem Kanzleramt stehen blieb. Hier war ich mit Vittoria verabredet. Während ich auf meine italienische Bekannte wartete, stellten sich zwei Männer vor mich, Hand in Hand. Ich dachte zuerst, sie seien nur Freunde. Als sie aber anfingen, sich auf den Mund zu küssen, war ich ziemlich schockiert. »Das geht mich nichts an!«, sagte ich mir und schaute weg. Ich war ziemlich irritiert. Einerseits fand ich das toll, dass die Menschen hier so frei sind, ihren Neigungen nachzugehen, auch wenn es nicht allen Deutschen gefällt. Andererseits fand ich das als Syrer befremdlich und neu.

Ich werde oft gefragt, wie ich zu Homosexualität stehe. Ich halte mich mit Wertungen zurück. Ich sage nur: »Jeder darf lieben, wen er will und wie er will.«

Ich kenne keine Imame in Syrien oder Deutschland, die

sich positiv über Homosexualität äußern. Aber ich habe von einem Imam in Frankreich gelesen, Ludovic-Mohamed Zahed, der sich zu seinem Schwulsein bekannt hat. Sehr mutig, wie ich finde.

Ich liebe die deutschen Satiresendungen. Ich mag den offensiven Umgang mancher Shows mit dem Thema Homosexualität. Wenn zum Beispiel ein Komiker mit seinem Mikro durch eine Innenstadt läuft und sich an einen Passanten wendet: »Bei mir ist es halt scheiße gelaufen, ich bin homosexuell. Darf ich das ausleben oder nicht?«, und er vom bayerisch sprechenden Passanten zur Antwort bekommt: »Ja, aber zu Hause … Da habe ich nichts dagegen. Sie müssen dafür geradestehen, nicht ich.«

Weniger behagt mir dagegen das dauernde Reden über Sex und Frauen. Liebe Menschen, möchte ich dann fragen, was wollt ihr euch oder mir damit beweisen? Aber ich frage das natürlich nicht.

Ich habe schon häufig Sätze gehört wie: »Guck mal, ist die nicht heiß? Ob sie heute schon Sex hatte?« Diese Art von Sexismus habe ich in Syrien selten erlebt. Ich frage mich manchmal, ob das eine Sucht ist, ständig über Sex zu reden, oder eher normal.

Die ersten Wochen nach meinem Outing als »Jungfrau« wurde ich häufig gefragt: »Wie hältst du das nur aus?«

»Das geht noch ganz gut. Ich bin noch keine 40. Und zur Not bleibe ich ein Mönch, wenn ich nicht die Richtige treffe.«

Andere Male bekomme ich zu hören: »Wie kannst du ohne Sex leben? Du hast wirklich was Schönes verpasst!«

Ich reagiere darauf mit Humor: »Tja, das Geld zum Heiraten hat nicht gereicht. Für eine Braut braucht man mindestens 1000 Kamele. Das konnten wir eben nicht aufbringen.«

Ich wünsche mir manchmal wirklich, ich hätte früher geheiratet. Aber ich war noch nicht so weit. Nicht nur, weil meine Eltern nicht genügend Geld für eine richtige Hochzeit gehabt hatten. Das war nicht der Grund. Ich wollte studieren, einen guten Job haben, meine Eltern unterstützen, die Welt sehen.

Denn ich war immer der Meinung, dass der Sinn des Lebens vor allem im Beruf *und* in der Familie liegt. Arbeit und Familie sollten sich die Waage halten. Auf Deutsch soll das Work-Life-Balance heißen, habe ich erst vor Kurzem erfahren.

6. Glühwein zum Ramadan

»Du bist heute aber schick!«, bekam ich von allen Seiten zu hören. Es war Freitagabend, und ein paar Kollegen und ich saßen in einem Lokal im Stadtpark, um den warmen Herbst zu genießen. Ich hatte ein helles Hemd an, darüber eine Strickweste und das schwarze Jackett meines Bruders. Das Lokal füllte sich mit Menschen in Freizeitlook. Wie gut, dass ich eine Jeans angezogen hatte und nicht meine Bewerbungshose. In meinem Bemühen, alles richtig zu machen, fühlte ich mich etwas unwohl. In Syrien wäre es normal gewesen, sich fein zu machen, wenn man mit Freunden, Verwandten oder Kollegen ausging. Zu feierlichen Anlässen, aber auch, wenn ich zur Uni ging, hatte ich meistens ein Hemd getragen. Aber hier in Deutschland? Ganz offensichtlich war ich overdressed für unseren Minibetriebsausflug. Ich fühlte mich an meine erste Zeit in Deutschland erinnert, als ich mich darüber gewundert hatte, dass sich andere Jungs und Männer im reichen Deutschland, wie ich fand, ärmlich kleideten.

Als unsere Getränke kamen, stießen wir an. Meine Kolleginnen und Kollegen mit ihren Bier- und Weingläsern, ich mit meiner Rhabarberschorle. Ich war mal wieder der Einzige, der keinen Alkohol trank. Gut, dass unser Treffen nicht in den Ramadan fiel, dann hätte ich nicht mal Mineralwasser trinken können.

Eigentlich waren wir hergekommen, um kostenlos dem Konzert der berühmtesten lebenden Rockband der Welt zu lauschen: den Rolling Stones, die im nahe gelegenen Stadtpark ein Konzert gaben und deren Name mir übrigens nichts sagte. In der Kneipe wurde es immer voller. Offenbar waren auch andere auf diese Idee gekommen. Ich schaute mich neugierig um. Die Besucher waren bunt gemischt – Jung stand neben Alt. Abgesehen von ihrem Alter hatten vor allem die Männer etwas Gemeinsames: Man war betont lässig angezogen. Ich saß zwischen Menschen mit abgerissenen Jeans, Lederjacken, Lederwesten, mit Zöpfen oder Tattoos am Hals oder auf dem Schädel. Und alle mit einer Bierflasche in der Hand.

»Ist es auf dem Oktoberfest in Bayern ähnlich?«, fragte ich eine Kollegin, die mal in Bayern gearbeitet hatte.

»Um Gottes willen!«, sagte sie und lachte auf.

In diesem Moment explodierten die Lautsprecher auf der fernen Bühne, sodass ich unwillkürlich zusammenzuckte.

»Moin, moin, Hamburg! How are you?«

Alle in der Kneipe schrien zurück »Moin, Micki!«. Allerdings war Micki nicht die mir bekannte Micky Maus, sondern Mick Jagger, wie ich erfuhr. Dann dröhnte ohrenbetäubende Gitarrenmusik herüber, und das Publikum kreischte. Ich hatte Deutschland nie so laut erlebt! Ab da mussten wir fast schreien, um uns unterhalten zu können.

Ich war noch nie auf einem Rockkonzert gewesen, aber

die Atmosphäre erinnerte mich etwas an die Hochzeitsfeiern, die bei uns in Aleppo im Sommer und draußen stattfanden. In der Regel donnerstags, weil am nächsten Tag alle frei hatten. Diese Feste waren meine ersten und einzigen »Open-Air-Konzerte«: Bühnen wurden aufgebaut, und Livemusik mit Sängern wurde geboten, zur Unterhaltung der bis zu 400 Gäste. Rücksicht auf die Nachbarn wurde nicht genommen – man feierte also mit, ob man wollte oder nicht. Öffentlicher und privater Raum griffen in Syrien eng ineinander, ohne dass jemand auf die Idee gekommen wäre, sich bei der Polizei zu beschweren. Auch hier in Hamburg – mit über 80 000 Fans – hatten sich offenbar die Konzertbetreiber, die Stadt und die Anwohner über die Lärmbelästigung geeinigt.

Als Gast auf einer syrischen Hochzeit zu sein, konnte anstrengend werden: Die Feste dauerten sehr lange, und wenn man nicht mittanzte, fühlte man sich irgendwann fehl am Platze. So ähnlich geht es mir bei deutschen Feiern, auf denen vor allem der Alkohol die Menschen zusammenbringt und die Stimmung lockert. Je später der Abend, desto ausgelassener die Stimmung – das merkte ich auch bei unserem spontanen Betriebsausflug.

Eine Weile hörten wir tatsächlich dem Konzert zu. Zwischen den einzelnen Songs riefen die Rolling Stones dem Publikum irgendwelche Sprüche zu. Die Sänger auf den syrischen Hochzeiten bombardierten die Gäste ebenfalls mit Sprüchen. Das waren allerdings keine Gags, sondern sie verkündeten die Geldbeträge, mit denen das Brautpaar beschenkt wurde: »1000 Lira für die Jungvermählten, von Abu Hassan! Und 2000 Lira von Abu Mahmud.«

Dieser Wettbewerb »Wer schenkt am meisten Geld?« war nie nach meinem Geschmack. Vielleicht träume ich deswegen insgeheim von einer Hochzeit auf einer einsamen Insel.

Ich finde die kleinen, manchmal spontanen Feiern angenehmer. Solche Feste durfte man in Syrien fast jeden Morgen erleben – auf dem Weg zur Schule oder zur Arbeit. Nämlich wenn der Busfahrer eine seiner Musikkassetten einlegte. Als hätten sie sich abgesprochen, hörten die meisten Fahrer morgens die wunderschönen Lieder von Fairuz. Alle Fahrgäste kannten die Songs dieser berühmten Sängerin, einer syrischen Christin, die in den 1950er-Jahren in den Libanon ausgewandert war.

Fuhr man abends mit den öffentlichen Verkehrsmitteln, erschallten andere, nächtliche Lieder aus den Buslautsprechern: klassische arabische Musik von Umm Kulthum, der arabischen Maria Callas, von Nazem al-Ghazali oder von Abdel Halim Hafez. Das sind langsame Stücke über das Verliebtsein oder das Verlassenwerden, die manchmal bis zu einer Stunde dauern können – fast so lang wie meine Busreise. Ich erinnere mich gern an diese späten Fahrten: Nach dem Schuften auf der Baustelle oder nach einem Seminar an der Uni saß ich müde im Kleinbus, der durch die Dunkelheit raste. Die warme Abendluft strömte durch die Fenster, ich sah zu den Sternen auf, lauschte der Musik und war gespannt auf das Leben, das mich erwartete. Diese Art zu fahren vermisse ich hier in Deutschland. Als Verkehrsteilnehmer im Bus, in der U- oder in der S-Bahn hört man hier vor allem Durchsagen: über Verspätungen, Sperrungen, Ausfälle, Polizeieinsätze oder einen Schienenersatzverkehr. Das Fahren dient seiner Hauptfunktion – dem pünktlichen und sicheren Ankommen – und nicht dem Zeitvertreib der Passagiere.

Bei meinen Busfahrten in Aleppo wusste ich allerdings nie, ob ich mit dem Musikgeschmack des Fahrers Glück haben würde oder nicht. Manchmal nervte auch die Lautstärke, wenn ich meine Ruhe haben oder für Prüfungen lernen wollte. Dann kamen sich der öffentliche und private Raum in die Quere.

»Und was machst du, wenn du was zu feiern hast?«, werde ich manchmal gefragt. »Wie kommst du ohne Alkohol klar, wenn du schlecht drauf bist oder abgespannt?«

»Fünf Mal am Tag beten!«, antworte ich dann zum Spaß.

Um ehrlich zu sein, weiß ich es nicht so genau. Wenn es bei meinen Eltern in Aleppo mal Streit gab oder andere Probleme, dann lief ich durch die Straßen – besonders gern, wenn es regnete. »Der Verrückte rennt wieder im Regen herum«, scherzten dann meine Geschwister. Oder ich rief einen Freund an und fragte, ob er spontan Zeit hätte, spazieren zu gehen. Als Teenager trommelte ich ein paar Nachbarjungs zusammen, um gegen den Frust Fußball zu spielen. Es fanden sich immer Freunde, die Zeit hatten.

Die Musik, die abends aus den Cafés in der Nähe der Zitadelle strömte, war ebenfalls gute Medizin gegen die Sorgen einer ungewissen Zukunft. Auch heute überbrücke ich manch einen Moment der Verzweiflung oder des Heimwehs mit arabischer Musik – YouTube sei Dank. Oder ich heitere mich mit witzigen Videos und deutschen Kabarettsendungen auf.

Meine ältere Schwester war die Erste, die sich einen CD-Player anschaffte. Wenn Hausarbeit zu erledigen war oder sie einen Nähauftrag hatte, legte sie eine CD ein, drehte die Musik auf, und so kam manchmal die eine oder andere spontane Hausparty zustande.

Das gemeinsame Musizieren spielt offenbar eine wichtige Rolle bei den Arabern. Vielleicht ist die Musik unsere Droge, die den Alkohol ersetzt? Es gibt die sogenannten »Sitzungen der Heiterkeit«. Für europäische Augen und Ohren muten diese Zusammenkünfte vielleicht nicht besonders heiter an: Mehrere Sänger und Musiker sitzen mit ihren Instrumenten im Kreis auf dem Boden und machen Musik. Und irgendwann wird dazu getanzt. Insbesondere im Irak ist diese Tradition weit verbreitet. Vielleicht gibt es deswegen das Sprichwort: »Hat man Wasser aus dem Tigris, *Didschla*, getrunken, wird man zum Sänger.«

Meine Geschwister und ich haben nicht unbedingt denselben Musikgeschmack. Es gibt mindestens zwei Arten arabischer Musik: die klassische und die volkstümliche Musik. Entfernt wäre das mit E- und U-Musik in Europa zu vergleichen.

Ich gehöre zu den altmodisch anmutenden Anhängern der klassischen arabischen Musik. Ich kann mich aber auch mit der Volksmusik arrangieren. Diese unterscheidet sich je nach Ort, Landstrich oder Region. Sehr populär ist der *Shaabi*-Stil, der gern auf Hochzeiten gespielt wird: Musik zum Feiern und Tanzen, die vor allem von einfachen Menschen in den ländlichen Gebieten gehört wird. Auch meine Schwestern und meine jüngeren Brüder haben das gerne gehört. Von der Oberschicht wird der *Schaabi* belächelt – aber trotzdem auf manch einer Hochzeit gespielt.

Auf einer deutschen Hochzeit war ich noch nie – dafür aber auf einigen Geburtstagspartys. Sogar der Hamburger Hafen feiert jährlich Geburtstag! Dass Geburtstage hierzulande sehr wichtig sind, habe ich mittlerweile gelernt.

Ich habe meinen Geburtstag zum ersten Mal gefeiert, als ich studierte. Das war etwas absolut Neues für mich und wurde von meiner Verlobten organisiert, als Überraschung. Sie selbst hatte wenig Erfahrung mit solchen Partys, war aber irgendwie auf diese Idee gekommen. Ich habe damals ihrer rührenden Geste keine große Bedeutung beigemessen. Warum sollte ich überhaupt meinen Geburtstag feiern, wer bin ich denn, fragte ich mich. Aber als wir ein paar Monate später ihren Geburtstag begingen, zusammen mit ein paar Freundinnen und Freunden, sah ich die Freude in ihren Augen. Sie hätte, glaube ich, gerne häufiger solche Feste gefeiert, denn sie war diejenige, die mich jedes Jahr an meinen Geburtstag erinnerte. Ich weiß nicht, ob sie jetzt regelmäßig feiert.

Ich frage mich wirklich, warum Menschen ihre Geburtstage feiern. Soweit ich weiß, ist das ein relativ junger Brauch. Gefeiert wurden früher allenfalls die Geburtstage von Herrschern oder Gottkönigen. Die Katholiken und die orthodoxen Christen haben bis vor ein paar Jahrzehnten wohl vor allem ihre Namenstage gefeiert; in protestantischen Gebieten kamen Geburtstagsfeiern ab dem 19. Jahrhundert in Mode. Aber vielleicht feiert man einfach die Freude darüber, dass es diesen einen Menschen gibt.

In Syrien gibt es keine Meldepflicht für Neugeborene, egal, ob man im Krankenhaus oder zu Hause geboren wird. Erst einige Zeit nach der Geburt fährt man zu einem Meldeamt, meist viele Kilometer in die Geburtsstadt der Vorfahren entfernt, und lässt den Namen ins Familienbuch eintragen. Nicht selten gibt man bei Jungen den 1.1. des nächsten Jahres als Geburtstag an, damit er bereits älter ist, wenn er zum Militär muss – was immer etwas Bedrohliches hatte. In den letzten Jahren vor dem Krieg haben aber auch bei uns immer mehr Jugendliche große Geburtstagspartys gefeiert, sicher auch unter dem Einfluss von Facebook, YouTube & Co.

Obwohl in meiner Familie keine Geburtstage begangen wurden, habe ich mich als Kind immer gefreut, wenn eine meiner Tanten zu mir sagte: »Du bist aber schon wieder gewachsen!« Darauf war ich sehr stolz! Hätten wir meinen Geburtstag gefeiert, dann hätte ich mich vielleicht noch mehr gefreut. Aber eine eigene Feier, zu der wir Freunde einladen konnten, haben wir nicht vermisst, wir Kinder spielten ohnehin jeden Tag gemeinsam. Und dass man zum Geburtstag Kuchen und Geschenke bekommt, wussten wir nicht.

Diese Freude würde ich gern eines Tages in den Augen meiner Kinder sehen. Meinen eigenen Geburtstag feiern zu müssen, damit fühle ich mich aber überfordert. Für mich ist das ein gewöhnlicher Tag, und erst die Frage der anderen: »Wann hast du Geburtstag?«, erinnert mich daran, dass ich vielleicht feiern sollte, wenigstens alle paar Jahre. Vielleicht ist es sogar meine bürgerliche Pflicht oder mein Beitrag zur Integration, eine Feier auszurichten? Oder wenigstens eine Einweihungsparty?

Möglicherweise tue ich mich mit dem Feiern auch deswegen schwer, weil ich nicht weiß, wie ich das mit dem Alkohol regeln soll. Kann ich eine Party machen, ohne Bier, Wein oder wenigstens Sekt anzubieten? Soll ich alkoholfreies Bier und alkoholfreien Sekt hinstellen? Als gläubiger Muslim dürfte ich eigentlich nichts anbieten, was meinen Gästen zu einem Rausch verhelfen kann. Andererseits empfiehlt der Islam, dass man sich, ohne bestimmte rote Linien zu überschreiten, den Sitten seiner jeweiligen Umgebung anpassen soll.

Musik dürfte ich hingegen als »Rauschmittel« einsetzen. Aber wie ließe sich ein Musikstück, bei dem die Sängerin »Kisses Down Low« ins Mikro stöhnt, mit meiner Moral vereinbaren? Was ist mit den Texten von Bushido? Und darf ich eine CD von Rammstein annehmen, wenn man sie mir schenkt? Soll ich ein Geschenk eigentlich sofort auspacken oder erst später? Überhaupt ist das mit den Geschenken so eine Sache: In Syrien wird man hauptsächlich zum Zuckerfest, zum Opferfest, zur Hochzeit oder nach einer bestandenen Prüfung beschenkt. Und es gilt als Unsitte, das Geschenk sofort auszupacken. Hierzulande darf und soll man das Geschenk sofort bewundern und sich bedanken. Vielleicht muss ich bei meinen künftigen Geburtstagen zweierlei Maß anlegen: bei den deutschen Gästen das Geschenk sofort auspacken, bei den arabischen erst nach der Party.

Ich habe meine erste Party mit deutschen und westlichen Jugendlichen noch gut in Erinnerung. Es war in Berlin, zu den Zeiten meines dritten Deutschkurses. Die schöne Italienerin Vittoria, mit der ich mich angefreundet hatte, war mit einer anderen Frau aus unserem Kurs in eine WG gezogen, und so luden die beiden zu einer Einzugsparty ein.

Ich war sehr aufgeregt.

»Was bringt man denn mit zu einer Party?«, fragte ich meinen Gastvater, »bei uns schenkt man schöne Kaffeetassen, Gläser oder Blumen. Und hier?«

»Man nimmt eine Flasche Wein oder Sekt mit oder etwas zum Essen«, sagte er.

Da Alkohol nicht meine Baustelle ist, entschied ich mich für einen Blumenstrauß und eine Schachtel Pralinen. Mit den Blumen lag ich richtig, und die Pralinen landeten neben dem Tiramisu auf dem langen Buffet mit den mitgebrachten Köstlichkeiten. Seither weiß ich, dass es keine Party ohne Nudelsalat geben darf. Und dass es in Deutschland unter jungen Leuten völlig normal ist, sich Essen und Trinken zu wünschen. Sogar die Männer bringen manchmal selbst gebackenen Kuchen mit.

Das kenne ich aus Syrien nicht. Wenn man dort eingeladen ist, wird man förmlich gemästet. Es ist sozusagen Ehrensache, dass die Gäste erst aufhören zu essen, wenn sie kaum noch laufen können. Vielleicht ist das eine Art sozialer Kontrolle bei uns – man möchte nicht, dass die anderen sagen, die Familie habe kein Geld, um ihre Gäste satt zu machen. In ärmeren Ländern ist die Frage, ob das Essen für alle reicht, jedenfalls wichtig für den Status. Im reichen Europa hingegen zählt eher gesundes und nicht zu üppiges Essen, eine entsprechend schlanke Figur – und ein teures Auto.

Auf der Party von Vittoria musste keiner verhungern und vor allem – keiner verdursten. In der Küche standen Kisten mit Bier, und jeder neue Gast steuerte eine Flasche Wein oder Sekt bei. Unsere Russin aus dem Kurs brachte Wodka und Cola mit. Was die wohl alle vorhaben?, fragte ich mich im Stillen.

Nach der Wohnungsführung standen wir gut gelaunt am Buffet und plauderten – junge Menschen aus verschiedenen Ländern der Welt. Unser Deutsch war schon gut genug, um Witze zu machen. Zwischendurch wurde in kleinen Plastikgläsern etwas Hochprozentiges herumgereicht, was auf ex getrunken wurde, wie ein Medikament im Krankenhaus. Von den zehn bis zwölf Gästen war ich der Einzige, der keinen Alkohol trank und arabisch aussah. Eine der Partybesucherinnen fragte mich irgendwann: »Willst du Auto fahren?«

»Nein, ich bin mit der Bahn da«, sagte ich.

»Und warum trinkst du nicht? Aus religiösen Gründen oder aus Prinzip?«

»Beides«, lächelte ich.

Gegen 11 Uhr abends kam ich endgültig ins Staunen. Auf dem Sofa machten es sich zwei Pärchen bequem und begannen zu knutschen. Was würde jetzt meine Verlobte denken, wenn sie hier wäre?, fragte ich mich. Sie hätte mir nie im Leben erlaubt, sie in der Öffentlichkeit zu küssen.

Ich kam mir an diesem Abend in gewissem Sinne wie ein Außerirdischer vor – war ich die falsche Person in der falschen Situation, oder war ich im falschen Land gelandet? Heute weiß ich, dass man das Kulturschock nennt – und es war nicht die letzte befremdliche Erfahrung. Ich habe mich dran gewöhnt, mich ab einem gewissen Moment wie ein Zuschauer zu fühlen, was das Trinken angeht. Manchmal treffe ich sogar Menschen, die auf Alkohol verzichten, obwohl sie keine Muslime sind. Wie zum Beispiel die buddhistische Kursteilnehmerin aus Berlin, die aus religiösen Gründen gar nicht erst zu Vittorias Party kam. Ich feiere überall gern mit, solange man mich nicht zum Trinken zwingt. So funktionieren für mich Zusammenleben und Toleranz.

In Aleppo hatte ich einige Kommilitonen, die Christen waren und Alkohol tranken, und wenn wir zusammensaßen, tranken sie ihr Bier der Marke Al Shark und ich meinen Chai. In den christlich dominierten oder touristischen Stadtteilen von Aleppo, Latakia oder Tartus wurde öffentlich Alkohol ausgeschenkt. Es war dann jedermanns freie Entscheidung, etwas zu bestellen oder nicht. Dort gibt es auch spezialisierte Läden nur für Alkohol.

Auch in den eher muslimisch geprägten Stadtteilen Aleppos gab es Menschen, die tranken. Man konnte sogar Betrunkene sehen, aber das waren meist Arbeitslose oder Menschen mit sozialen und familiären Problemen. Man wusste auch, dass manche Reiche heimlich zu Hause tranken. Unter den Kaufleuten, die viel auf Reisen waren, war das sogar üblich.

Insgesamt war Alkohol in unserer Gesellschaft aber eher negativ belegt. Er galt als etwas, das einerseits der Gesundheit schadet und andererseits den Geist und die Standhaftigkeit schwächt.

In den ersten Monaten in Deutschland fand ich das bestätigt, als ich auf den Straßen Hamburgs, Berlins oder Frankfurts viele verwahrloste Menschen beobachtete, die nie allein, sondern immer in Gesellschaft einer Flasche waren. Offenbar kann man das Elend, die Kälte und den Dreck mit

Alkohol besser ertragen. Solche Bilder kenne ich aus Syrien nicht. Auch die hohe Zahl alkoholkranker Patienten, die ich in meinem beruflichen Umfeld erlebe, ist für mich völlig neu.

Übrigens ist mir das Verhalten angetrunkener und enthemmt fröhlicher deutscher Partygäste nicht ganz fremd. Auch bei Hochzeiten und Festen in Syrien wirkten viele Menschen wie betrunken – obwohl es keinen Alkohol gab. Waren das Glückshormone, die beim Tanzen ausgeschüttet wurden? Oder der bloße Rausch durch die Musik?

Wenn ich mit Kollegen oder mit Freunden einen Hamburger Weihnachtsmarkt besuche, beobachte ich immer fasziniert, wie die festliche Stimmung mit all den Lichtern und Düften sich auf die Menschen überträgt. Wie damals, in meinem ersten Winter in Deutschland. Es war November 2014. Ich war neu in Berlin und sah voller Verwunderung, wie die Stadt ein ganz neues Kleid anlegte. Lichter und Figuren des Weihnachtsmanns, *Papa Noel*, wie wir ihn in Syrien nennen, waren überall zu sehen.

Am ersten Advent lud mich meine Berliner Gastfamilie auf einen Weihnachtsmarkt ein. Es war ein kleiner, gemütlicher Markt in ihrem Stadtteil, ein guter Einstieg für einen Weihnachtsanfänger. Am interessantesten war für mich zu beobachten, wie sich meine Gasteltern veränderten, die sonst eher zurückhaltend sind. Wie alle anderen Besucher tranken auch sie den »glühenden Wein«, wie ich ihn damals nannte: ein Getränk, das köstlich duftete, die Wangen rot machte und das Lachen lauter. Ich nippte an meinem Apfelpunsch, knabberte an meinen gebrannten Mandeln und wunderte mich, dass meine Gasteltern mit so vielen Leuten ins Gespräch kamen. Sie kannten offenbar viel mehr Menschen in ihrem Stadtteil, als ich dachte.

Heute wird mir klar, dass ich schon damals einen kleinen Kulturschock erlitten habe: Man trank in der Weihnachtszeit gemeinsam Alkohol, um sich in Feierstimmung zu versetzen! Glühwein zum heiligen Fest, Glühwein zum Ramadan – wie war das möglich?

Mittlerweile habe ich mich an dieses Paradox gewöhnt. Wenn ich mit meinen Kolleginnen und Kollegen um einen Tisch auf dem Weihnachtsmarkt stehe, dicht nebeneinander, lachend und erzählend, habe ich das warme Punschglas in der Hand – und sie den Becher mit dem »glühenden Wein«. Und ich sage mir: »Ja, so ist das hier mit dem Weihnachten, und es ist schön, dass du dabei bist, Faisal, auch wenn du immer ein bisschen fremd bleiben wirst!«

7. Sieben Kerzen für Leyla

Ich sitze bei Elena in der Küche. Bevor wir mit dem Schreiben beginnen, tauschen wir immer Neuigkeiten aus. Meine Co-Autorin kennt mich mittlerweile fast so gut wie meine eigene Schwester. Auch ich nehme an ihrem Leben teil: Elenas Sohn verbringt derzeit seine Herbstferien mit dem Papa in Italien, auf einem Campingplatz. Auf dem Foto, das er gerade gesimst hat, steht er vor einem riesigen Zelt, die Augen strahlend vor Abenteuerlust.

Mich, den Urenkel eines Beduinen, ergreift eine tiefe Sehnsucht. Das gemietete Zelt an der italienischen Küste erinnert mich an die Zelte im Dorf meines Großvaters. Der gleiche graue Stoff, die gleiche Bauart, nur dass die syrischen Modelle meiner Kindheit weder wasserdicht noch verschließbar waren. In solchen mobilen Stoffhäusern feierten und schliefen wir, wenn unsere Großfamilie zu einer Heirat oder Trauerfeier im Dorf zusammenkam. So wie bei der Hochzeit eines Cousins im Sommer 2004.

Mittlerweile hat auch mich eine Handynachricht erreicht. Darauf ist die Stimme von Leyla zu hören – meiner Schwester, die mit Mann und Kindern in Syrien auf der Flucht ist.

Es ist die erste WhatsApp seit über einem Monat! Obwohl sie mittags abgeschickt wurde, kam sie erst abends an. Als ich endlich mit meiner Schwester telefonieren kann, erfahre ich den Grund: Ihr Handy hatte stundenlang am Akku eines Traktors geladen.

Wie immer wechseln wir nur knappe Sätze. »Uns geht es gut, wir leben noch, aber wie geht es euch in Deutschland?« Der Akku des Handys muss geschont werden, man weiß nicht, wann man ihn wieder aufladen kann. Und dann entweicht doch ein verräterischer Satz dem Mund meiner Schwester: »Es regnet seit Tagen. Das Zelt ist nass.« Ihre Stimme ist kraftlos.

Ich weiß, was diese Information bedeutet: Oktober und November können im syrischen Norden sehr ungemütlich werden, mit tiefen Temperaturen und Regen, der alles in Matsch verwandelt.

Das nasse Zelt geht mir nicht mehr aus dem Kopf. Die Familie meiner Schwester haust dort zusammen mit der Familie meines Cousins, die ebenfalls ihr Zuhause verloren hat. Ob es dasselbe Zelt ist, in dem wir seine Hochzeit gefeiert hatten, in jenem fernen Sommer 2004?

Schon die Fahrten zu diesen Festen waren etwas Besonderes. Wir nahmen den Bus, dann den Kleinbus, machten einen Zwischenstopp auf dem Basar in der Stadt, füllten Kisten mit Gemüse und Obst und natürlich mit Bonbons für die Kinder – denn wir kamen nie mit leeren Händen zur Großfamilie auf dem Land.

Nach der Ankunft begannen wir gleich mit dem Aufstellen der Zelte. Fläche ebnen, Steine entfernen, danach rammten die starken Hände unserer Onkel die Stangen in den staubigen Boden der Wüste. Da der Biwak weiter weg von den Lehmhäusern errichtet wurde, waren wir Kinder die Kuriere – wir flitzten zwischen den Zelten und der Küche der Verwandten hin und her und überbrachten Nachrichten wie: »Essen ist fertig« oder »Da ist eine Staubwolke. Ein Auto kommt!«, wenn sich der nächste Besuch ankündigte.

Ich liebte diese Besuche, die eigentlich unsere Urlaube waren. Wenn wir Kinder nicht auf den Eseln ritten, mit den Hunden spielten oder die Lämmer kraulten, kletterten wir verbotenerweise auf die Kuppeln der flachen Lehmhütten des Dorfes. In der Mittagshitze saßen wir im Schatten der Zelte zusammen mit den Erwachsenen. Wir lauschten den Geschichten der Älteren und den rhythmischen Geräuschen, mit denen in den mächtigen Mörsern Gewürze oder Kaffeebohnen zerstoßen wurden. Mörserstampfen und Männergesang – das ist für mich »Zeltmusik«. Dazu der Duft nach geröstetem Kardamom und Kaffee. Und abends stiegen die Dämpfe aus dem riesigen Kessel mit dem Eintopf, der auf der Feuerstelle brodelte. Ich weiß nicht, warum, aber es waren meistens die Männer, die bei diesen Festessen den Kochlöffel schwangen.

Fast jede syrische Familie, die im ländlichen Osten des Landes lebte, besaß ein oder zwei solcher Zelte – für Gäste, Feste oder Trauerfeiern. Tagsüber, wenn es heiß war, saßen wir auf dem Boden und lagen mit geschlossenen Lidern in den Kissen. Oft wurde um das Zelt herum Wasser ausgeschüttet, sodass eine kühle Brise durch den Eingang wehte. Abends saß man draußen, bis man entweder unter den Sternen einschlief oder sich in einem der großen Zelte auf einer Matratze ausstreckte. An die 30 Personen konnten in ihnen Platz für die Nacht finden.

Morgens hörte man die Stimmen unserer besorgten Mütter: »Habt ihr mein Kind gesehen? Ich weiß nicht, wo mein Sohn geschlafen hat – draußen oder drinnen.«

Wir waren aufgekratzt und glücklich. Niemandem wäre damals in den Sinn gekommen, dass diese Zelte eines Tages einen überlebenswichtigen Schutz auf der Flucht vor Krieg und Bomben bieten würden.

Leyla, meine tapfere Schwester, übergibt das Handy ihrem Mann, noch bevor ich sie das Wichtigste fragen kann: Haben meine Neffen und Nichten heute etwas zu essen bekommen? Gibt es Trinkwasser im provisorischen Zeltlager am Rande der Stadt? Finden sie Holz zum Feuern und Kochen? Wie viel Geld sollen wir schicken und an wen?

Als mein Schwager das Gespräch übernimmt, komme ich sofort zum Wesentlichen: Er muss seine Familie außer Land bringen, am besten Richtung Jordanien oder Türkei. In Jordanien halten sich meine Eltern und meine anderen Geschwister auf. In der Türkei leben zwei Cousins. Das Geld für die Schlepper würden wir hier in Deutschland irgendwie auftreiben.

Mein Schwager bremst mich aus. Ich kann ihn gut verstehen. Mit fünf Kindern illegal über die Grenze, dazu muss man sehr starke Nerven und Arme haben. Es ist üblich, dass bei den illegalen nächtlichen Grenzübertritten die Kleinen mit Schlafmitteln ruhiggestellt werden.

Zwei meiner Brüder haben es auf diese Art und Weise

über die grüne Grenze geschafft. Deren Kinder sind allerdings noch jung und leicht. Die älteste Tochter meiner Schwester hingegen ist mittlerweile ein großes Mädchen, das ordentlich wiegt. Sie kann nicht stundenlang schlafend auf den Schultern getragen werden. Und da sie eine Behinderung hat und nicht lange still sein kann, ist sie ein echtes Sicherheitsrisiko.

Was würde passieren, wenn sie erwischt werden, fragt mich Elena. Ich komme ins Grübeln. Wenn man aufgegriffen wird, wird man sofort in die Heimat zurückgeschickt. Das heißt, weitere Monate in überteuerten und überfüllten Unterkünften ausharren und auf den nächsten Versuch warten. Bei den wenigsten Flüchtlingen klappt die Flucht gleich beim ersten Mal.

Viel schlimmer aber sind die Schüsse. Es kommt immer wieder vor, dass nervöse Grenzsoldaten Warnschüsse abgeben und dabei Menschen treffen. Sollen sie nun die Flucht aus Syrien wagen oder nicht? Was soll ich meinem Schwager nur raten?

Leyla ist seit Monaten auf der Flucht vor Zerstörung und Plünderung, mit ihren fünf Kindern und ihrem Mann. Bis Anfang 2017 hatte sich die siebenköpfige Familie in Großvaters Dorf einigermaßen sicher gefühlt, dann schlugen auch dort die Bomben ein. Leider lag unser Dorf in einem vom IS besetzten Gebiet. Anstelle der feindlichen IS-Stellungen wurden die Lehmhäuser der Bewohner getroffen, obwohl die Stützpunkte der Terroristen mehrere Kilometer entfernt lagen. Als die Lage immer bedrohlicher wurde, beschlossen alle Familien, über 100 Menschen, die Flucht zu ergreifen.

In einem Treck von Traktoren und kleinen Transportern zogen sie von dannen, auf der Suche nach einem Flecken Land ohne Bomben. Mein Schwager und seine Brüder besitzen zum Glück auch einen Traktor, also packten sie ihr Hab und Gut, vor allem Matratzen und Decken, und schlossen sich dem Flüchtlingstreck an.

Gut, dass man nicht zu lange gewartet hatte, denn zwei Tage später kamen Regierungstruppen, um das Gebiet zu befreien, wie es in den Nachrichten hieß. Eine Woche später hat ein Verwandter von uns das Dorf aufgesucht, um nach der Getreideernte zu sehen und um zu retten, was zu retten ist. Dabei hat er erschütternde Zerstörungen vorgefunden: Die »Befreier« hatten Fenster zerschmettert, Möbel zertrümmert, Steckdosen und Kabel aus der Wand gerissen. Alles andere war gestohlen. Die Fotos der Verwüstungen sind jetzt auch in meinem Handy gespeichert.

Ich weiß nicht, ob Leyla ihre Nähmaschine auf die Flucht mitnehmen konnte. Unsere Schwester ohne Nähmaschine – das ist für mich schwer vorstellbar. Sie war immer die Modeberaterin und Schneiderin unserer Familie. Vor Festen kürzte sie für uns Jungs die neu eingekauften Hosen, änderte Hemden oder Kleider. Wenn ich ein neues Hemd brauchte, half sie mir bei der Auswahl.

Wenn ich an Leyla denke, erinnere ich mich immer an die letzten Tage des Ramadans und vor allem an die Nacht vor dem Zuckerfest. Schon Tage davor fingen wir mit dem Wohnungsputz an. An einem Tag wurde die Küche sauber geschrubbt, an den folgenden Tagen die Zimmer und der Innenhof. Und in der letzten Nacht vor *Äid*, dem Zuckerfest, wurden die Festtagsteppiche ausgelegt, und wir älteren Geschwister blieben fast die ganze Nacht wach.

Als Leyla heiratete, war ich etwa 17 Jahre alt; sie muss also 22 gewesen sein. Ich freute mich sehr für sie und war gleichzeitig traurig, denn von nun an würde meine »zweite Mutter« nicht mehr bei uns wohnen. Leyla war nicht nur die gute Seele der Familie, fröhlich und zugewandt, sondern auch unser Mediator und Streitschlichter.

Wenn ich beispielsweise einen Freund besuchen und etwas länger wegbleiben wollte, flüsterte ich ihr zu: »Ich will heute etwas später nach Hause kommen, kannst du mit den Eltern reden?«

»Ja, mache ich«, sagte sie, und komischerweise hörten meine Eltern dann auf sie.

Wie in vielen syrischen Familien traten auch unsere großen Schwestern als Vermittlerinnen auf. Hatte einer von uns Jungs irgendeinen Mist gebaut, dann wurde eine der Töchter beiseitegenommen und gebeten, mit demjenigen zu sprechen. Oft war sie dann die einzige Vertrauensperson, der man erzählen konnte, was wirklich geschehen war. Die Schwester ihrerseits gab die Ratschläge oder Ermahnungen des Vaters oder der Mutter in sanfteren Worten wieder. Sie war sozusagen eine Art Puffer zwischen den Generationen. Dieses Modell funktionierte erstaunlich gut: Die Problemjungs ließen sich von ihren Schwestern meistens ins Gewissen reden.

Auch wir Söhne konnten die Rolle des Vermittlers bei Familienkonflikten übernehmen. Hatte einer meiner Brüder etwas ausgefressen oder wurde zu rebellisch, nahm mich mein Vater zur Seite und bat mich, mit ihm zu reden. Meistens half das.

Wir Geschwister hatten sowieso klare Zuständigkeiten füreinander, jeder musste sich um den oder die Nächstjüngere kümmern. Wenn wir das Gefühl hatten, dass unser Schützling oder unser Beschützer vom Vater oder von der Mutter zu hart ins Gebet genommen wurde, dann setzten wir uns automatisch füreinander ein.

Ich habe gehört, dass es in Deutschland, wenn es überhaupt mehrere Geschwister gibt, eher selten ist, dass Kinder für ihre Eltern pädagogische Konflikte austragen oder erzieherische Botschaften überbringen müssen. Man betrachtet das als emotionale Überforderung der Kinder. Darüber denke ich viel nach.

Auch bei uns war nicht jede Vermittlung von Erfolg gekrönt – etwa als meine andere Schwester nach der 6. Klasse unbedingt die Schule verlassen wollte, um Näherin zu werden wie die große Schwester. Weder meine logischen Argumente noch Leylas sanftes Zureden konnten etwas an ihrer Entscheidung ändern.

Wenn ich an die Rolle der Töchter in Syrien denke, fällt mir ein Mädchen aus unserer Nachbarschaft ein. Wenn unser Bügeleisen mal wieder kaputt war, nahm ich mein Hemd, das ich für die Uni brauchte, und ging zu unseren Lieblingsnachbarn zwei Straßen weiter. Deren älteste Tochter sagte dann: »Ach komm, ich bügle gerade, gib her.«

Wie gern trug ich dann das Hemd, das von der hübschen Amina gebügelt worden war. Aber auch meine Schwestern haben oft Kleider für die Nachbarn geändert und Sachen gebügelt, wenn die kein Bügeleisen hatten oder gerade keinen Strom. Unsere fürsorglichen Schwestern waren eine Art Kitt der Nachbarschaft. Bis sie eines Tages selbst Mütter wurden und wie unsere eigene Mutter am späten Nachmittag im Schatten der Häusermauern saßen, miteinander plauderten oder Probleme wälzten.

Es ist keineswegs so, dass Mädchen in unserer patriarchalen Gesellschaft unerwünscht wären. Wenn ein Familienvater, der nur Töchter hatte, sich beschwerte: »Oh, warum hat mir Gott nur Töchter geschenkt, ich möchte auch mal einen Sohn haben«, dann antworteten die Leute: »Ach, Töchter zu haben ist viel besser! Unser Prophet Mohammad hatte doch auch nur Töchter!«

Blickt man weit zurück in die arabische Geschichte, wird man feststellen, dass bei den Reichen und Adligen lange die grausame Sitte herrschte, die weiblichen Neugeborenen umzubringen. Als Mohammad im 6. Jahrhundert seine Lehre verbreitete, hat er dieses Verbrechen verboten. In Bezug auf die damaligen Rechte der Frauen war er so gesehen ein Revolutionär, ein Sittenerneuerer.

Manchmal frage ich mich, wie meine Schwester mit dem Leben in Deutschland zurechtkäme. Leyla trägt farbenfrohe Kopftücher, die sie sich selbst näht, und da sie modische Damenmäntel schneidern kann, würde sie hier in Deutschland vielleicht als Schneiderin oder Modeverkäuferin arbeiten wollen.

Obwohl sie in ihrem Dorf als Näherin sehr gefragt war, hatte sie in den letzten Jahren wenig Gelegenheit dazu, weil sie sich fürsorglich um ihre behinderte Tochter und die anderen vier Kinder kümmerte. Hätte sie ein einigermaßen normales Leben, weiterhin den Rückhalt ihres Mannes und die häusliche Unterstützung ihrer Schwiegermutter, würde sie wahrscheinlich sehr gern arbeiten.

Könnte es jemandem wie meiner Schwester gelingen, sich auf dem deutschen Arbeitsmarkt einigermaßen zu integrieren? Da sie bis zur 6. Klasse zur Schule gegangen ist, kann sie Arabisch lesen und schreiben, müsste aber die lateinischen Buchstaben und die deutsche Sprache von null auf lernen. Ich weiß aus eigener Erfahrung, wie viel Kraft das Erlernen und der Gebrauch einer neuen Sprache erfordert. Ohne den regelmäßigen Kontakt zu Einheimischen und ohne die Kommunikation am Arbeitsplatz bleibt das oft eine Wunschvorstellung. Ich weiß aber auch, wie kontaktfreudig und zäh Leyla ist. Jemand, der drei Mal geflohen ist, seit Monaten in Zelten und anderen provisorischen Behausungen lebt und seine Familie trotz widrigster Umstände wacker am Leben erhält, der hat Power.

Wenn die syrischen Mobilfunknetze und der Zustand von Leylas Handy es erlauben, kann ich hin und wieder mit meiner Schwester und ihrem Mann sprechen. Ihre Stimmen klingen von Mal zu Mal verzweifelter, die Schilderungen ihres Überlebenskampfs immer erschreckender. Ich fühle mich dann unendlich hilflos und schuldig.

Ich kann mir vorstellen, wie miserabel sich auch meine Eltern bei dem Gedanken fühlen, dass sie ihrer Tochter nicht helfen können. Im Vergleich zu Leyla führen sie in ihrem Exil fast ein luxuriöses Leben. Sie teilen sich eine kleine Wohnung mit meinen Brüdern und deren Familien, sie schlafen in richtigen Zimmern mit Fenstern und Türen, haben warme Betten und fließendes Wasser. Sie können Lebensmittel kaufen und selber kochen. Ihre Enkel dürfen zur Schule gehen. Meine Brüder können auf dem Bau Geld verdienen, wenn das Wetter es zulässt. Dass sie den Beruf meines Vaters gelernt haben, zahlt sich heute für sie aus.

Der Gedanke an Leyla und die Situation ihrer Familie begleitet mich ständig. Vor zwei Monaten war ich abends mit einem deutschen Freund in der »Nacht der Kirchen« in Hamburg unterwegs. Ich finde die deutschen Kirchen sehr beeindruckend, besonders die großen, die mich an die Umayyaden- und die Ar-Rahman-Moschee in Aleppo erinnern. Als wir aber eine kleine Kirche, wie die Heilig-Kreuz-Kirche in Aleppo, in der Nähe des Hafens betraten, in der nur die Kerzen brannten, da kamen mir die Tränen. Hier flackerten so viele Kerzen – aber nicht, weil es keinen Strom gab. In ihrem Zeltdorf, Tausende Kilometer von mir entfernt, besaß meine Schwester keine einzige Kerze, um die Dunkelheit zu vertreiben.

Kerzen waren für uns in Syrien vor allem Leuchtmittel, Abhilfe gegen den Strommangel, Lesehilfe an Winterabenden. Wenn in unserem Viertel der Strom ausfiel, was in Aleppo fast täglich geschah, ärgerte sich Leyla enorm, weil ihre elektrische Nähmaschine dann nicht mehr funktionierte. Oft war eine Kerze die einzige Rettung für ihren Nähauftrag, den sie mühsam mit der Nadel beenden musste. Wie oft habe ich die Kerze für Leyla gehalten, damit sie die Knöpfe annähen konnte. Wie oft brachte mir meine Schwester in

Prüfungszeiten das flackernde Licht ins Zimmer, damit ich lesen konnte.

In dieser kleinen, einladenden Kirche hatte ich plötzlich das Bedürfnis, wie die anderen Besucher auch, an diesem Abend eine Kerze anzuzünden, als Zeichen der Hoffnung für Leyla. Aus einer Kerze wurden schließlich sieben – für jeden aus ihrer Familie eine.

8. Die Uhr meines Vaters

Ich war bei den Eltern von Jan eingeladen, in der Lüneburger Heide. Sein Vater hieß mich mit den Worten willkommen: »Hallo, lieber Faisal! Schön, dich kennenzulernen!«

»Hallo, lieber … Harald. Danke für die Einladung!«, erwiderte ich etwas unsicher, denn in Syrien würde ich den Vater meines Freundes so begrüßen: »*Merhaba, Ammu* Harald«, hallo, Onkel Harald. Alles andere wäre unhöflich. Jans Mutter hingegen hätte ich mit *Chale* Heike, Tante Heike, angesprochen. Aber ich wollte keine Verwirrung stiften. Bis heute muss ich mich manchmal mühsam daran erinnern, dass man in Deutschland eine erwachsene Frau, die zwanzig Jahre älter als man selbst ist, nicht als Tante anspricht. Man hat mir aber erzählt, dass es bis vor etwa fünfzig Jahren üblich war, dass Kinder ihre Nachbarin, die Verkäuferin oder ihre Kindergärtnerin Tante nannten statt zum Beispiel Frau Müller. Manchmal tröstet mich dieser Gedanke, dass vieles, was heute den Unterschied zwischen der syrischen und der deutschen Gesellschaft ausmacht, bis vor einigen Jahrzehnten noch sehr ähnlich war – vom Umgang mit vorehelichem Sex und mit Homosexualität bis zum Verhältnis zwischen

Eltern und Kindern. Diese Erkenntnis schützt die Deutschen vor Überheblichkeit – und legt den Syrern nahe, dass nicht alle Traditionen und Regeln auf ewig unveränderlich sind.

Irgendwann im Laufe des Abends klingelte mein Handy. Ich nahm sofort ab, denn es war mein Vater, aus dem Exil.

»Na, *Abu* Ahmad, wie geht's, wie steht's?«, sagte er zu mir.

»Ich bin gerade zu Besuch bei einem deutschen Kollegen und Freund, seine Familie hat mich eingeladen. Alles gut bei euch, Vater?« Ich hätte auch antworten können: »Es passt gerade nicht, ich rufe dich zurück!« Aber so etwas sagt man nicht zu seinen Eltern.

Mein weiser Vater beeilte sich, das Gespräch zu beenden: »Oh, dann will ich nicht stören. Richte viele Grüße an deinen Freund und seine Eltern aus, machst du das, *Abu* Ahmad?«

»Herzliche Grüße von meinem Vater!«, verkündete ich anschließend in die Runde.

»Grüß unbedingt zurück! Wie heißt denn dein Papa?«, fragte Jans Vater.

»Ahmad.«

»Er muss stolz auf dich sein«, sagte Jans Mutter.

Ich nickte. »Ich glaube schon.« Dass er mich gerade *Abu* Ahmad genannt hatte, war ein Beweis dafür.

Hätten meine deutschen Gastgeber unser Gespräch verstanden, hätten sie sich allerdings gewundert, dass ich auf einmal *Abu* Ahmad und nicht Faisal heiße. Die Sache ist nicht so einfach zu erklären. Indem mein Vater mich *Abu* Ahmad – Vater von Ahmad – nennt, drückt er seine Hoffnung aus, dass ich eines Tages meinem Sohn den Namen Ahmad geben werde. Er spricht mich also stolz als den Erzeuger seines künftigen Enkels an – obwohl ich noch nicht einmal verheiratet bin.

Jans Vater heißt Harald. Wären die beiden aus Syrien, würde Jan seinen Erstgeborenen ebenfalls Harald nennen wollen. An guten Tagen würde Harald bei Jan anrufen und fragen: »Na, *Abu* Harald, wie geht's, wie steht's?«

Und Jan würde sich freuen, obwohl er gerade keine Freundin hat, geschweige denn Kinder. Für einen Syrer wäre es jedenfalls ein Kompliment, als Erzeuger des künftigen Enkels betitelt zu werden. Und Jans Vater würde sich ebenfalls freuen – auf die Zukunft, denn in seinem Enkel würde er weiterleben.

Ich muss das Jan bei Gelegenheit erzählen. Ich möchte gern sein Gesicht sehen, wenn ich zu ihm sage: »Na, *Abu* Harald, wie isses?«

Jans Vater arbeitet beim Bauamt. Er ist technischer Zeichner und hat in seiner Jugend gelegentlich auf dem Bau gearbeitet. Man merkt das seinen Händen heute nicht mehr an, und auch seinen Unterarmen nicht, auf die seine hochgekrempelten Hemdsärmel den Blick freigeben.

Ob man es meinem Vater heute ansehen kann, dass er 40 Jahre auf dem Bau verbracht hat? Ich weiß es nicht, denn ich habe ihn seit fast fünf Jahren nicht gesehen. In meiner Erinnerung sind seine Unterarme muskulös, sehr sehnig und haben stark ausgeprägte Adern. Am Handgelenk trug er immer seine geliebte Armbanduhr. Na ja – fast immer. Denn die billigen Plastikarmbänder hielten nicht viel aus. Wie oft habe ich das Armband zerspringen sehen, wenn Vater vor

Wut die Fäuste ballte. Die Adern traten hervor, die Sehnen spannten sich, und das dünne Verbindungsstück zwischen Uhr und Armband zerbrach. Anschließend mussten wir Kinder die Uhr zum Händler bringen, damit sie repariert wurde.

Sein Ärger war in der Regel nicht gegen die Familie gerichtet. Es war eine andere, eine grundsätzliche Wut. Das Armband zersprang meistens dann, wenn die Auszahlung des Wochenlohns mal wieder auf später verschoben wurde, wenn am Donnerstagabend der Kurier des Bauherrn auf die Baustelle kam, um den Arbeitern mitzuteilen: »Tut uns leid, wir können diese Woche nicht zahlen.«

Dann explodierte mein Vater meistens: »Was sagst du? Haben wir also eine ganze Woche umsonst gearbeitet?« Oft schlug er dabei mit der Faust gegen die Wand, dass der Putz bröckelte. An diesen schwarzen Donnerstagen sind einige Armbänder kaputtgegangen.

Als erwachsener Mann kann ich sehr gut nachempfinden, was es heißt, ohne Lohn nach Hause zu kommen und nicht zu wissen, was man der mehrköpfigen Familie in den nächsten Tagen auf den Tisch stellen soll. Denn auch ich muss zusehen, dass ich am Monatsende die Miete und die laufenden Kosten für unsere Brüder-WG der Geflüchteten zahlen kann.

Jans Vater berichtete, dass es auch in Deutschland immer häufiger vorkommt, dass Bauunternehmer ihre Arbeiter nicht bezahlen. Man wälze das gern auf die Subunternehmer ab – sie sollen sich dann mit den enttäuschten Männern herumschlagen, wenn der Geldhahn zugedreht wird.

Auch Harald empörte sich über die Zustände in der Baubranche. Doch seine Wut war anders als die meines Vaters.

In seiner Entrüstung schimmerte Zuversicht und Entschlossenheit durch. Seine persönliche Situation gab ihm Grund, optimistisch zu bleiben: Er hat einen unbefristeten Vertrag bei der Stadt, bekommt pünktlich seinen Lohn und zum Jahresende ein Weihnachtsgeld. Ich konnte mir nicht vorstellen, dass Harald mit der Faust gegen die Wand schlagen würde. Außerdem hat er gar keine Armbanduhr, sondern nur noch ein Handy.

Irgendwann kam es zur fast üblich gewordenen Diskussion über Sinn und Unsinn der neuen Medien. Mein Freund Jan, der sich ein Leben ohne Facebook und Twitter nicht vorstellen kann, rief irgendwann entnervt: »Papa, du hast keine Ahnung! Halt dich da gefälligst raus!«

Ich hielt den Atem an. Was würde jetzt passieren? Aber es folgte kein Donnerwetter. Jans Vater winkte nur ab und sagte seufzend zu mir: »Siehst du, Faisal, so springt man in Deutschland mit seinen Eltern um. Ist das in Syrien auch so?«

»Na ja, auch bei uns gab es mal Streit«, sagte ich diplomatisch, um meinem Freund nicht in den Rücken zu fallen. Aber um ehrlich zu sein, kenne ich keinen aus meinem Freundes- oder Verwandtenkreis, der seinem Vater gesagt hätte, er hätte keine Ahnung und solle sich da heraushalten.

Im Stillen haben wir uns natürlich schon manchmal über die Ratschläge der Eltern hinweggesetzt oder deren Ermahnungen belächelt. Aber nach außen hin zollten wir ihnen immer Respekt. Zum Beispiel, wenn wir Söhne mit Vater auf der Baustelle arbeiteten und zum Ende des Arbeitstages alles aufräumen mussten.

Bei Vater musste alles seine Ordnung haben. Die riesigen eisernen Werkzeugkästen wurden immer nach dem gleichen System sortiert. Eine Stunde vor Feierabend musste man mit dem Saubermachen der Utensilien beginnen: Jeder Hammer, jeder Spachtel sollte gewaschen, getrocknet und an seinen Platz gelegt werden. Wenn Vater nicht zusah oder wir Söhne allein für ein Objekt zuständig waren, nahmen wir es nicht so genau, Hauptsache, wir waren schnell fertig. Aber wenn Vater vor Ort war, gab es kein Entkommen. Hatten wir ein Haus fertig verputzt, mussten wir mit den ganzen Gerätschaften ins nächste Objekt ziehen, allerdings erst am nächsten Morgen. Und dort wurde dann der neue Auftrag erst mal gründlich vorbereitet.

In unseren Augen war das ein verlorener Tag. Wenn wir Jungs ohne unseren Vater arbeiteten, gingen wir anders vor: Wir fuhren die Werkzeuge noch am selben Abend hin, um gleich am nächsten Morgen mit der Arbeit beginnen zu können. Es war während der Arbeit nicht so ordentlich wie in Vaters Anwesenheit, aber die Tagesleistung war nicht schlechter. Heute wird mir klar, dass der Vorbereitungstag sinnvoll war – er diente nicht nur dazu, die Arbeit zu strukturieren und qualitativ besser zu machen, sondern auch unserer Erholung. Indem wir die Räume entstaubten, Sand vorsiebten, die Instrumente sortierten und Tee tranken, bereiteten wir unsere Körper auf die nächste Akkordarbeit vor. Auch bestand unser Vater immer auf einen Tee zwischendurch und auf eine anständige Mittagspause. Er ließ sich sogar den Feierabendsnack vor der Abfahrt nicht nehmen – ganz anders als wir Heißsporne, die nur schnell nach Hause wollten.

Es prallten einfach zwei verschiedene Arbeitsstile aufeinander: die Effizienz des jugendlichen »Turbokapitalismus« gegen die Besonnenheit der väterlichen »Planwirtschaft«.

Egal, was wir taten, Vater war es sehr wichtig, jede Arbeit ordentlich und sauber zu Ende zu führen. Diese Arbeitseinstellung hat uns bestimmt geprägt. Nicht zufällig waren wir Hamdo-Söhne beliebt bei den Auftraggebern, denn eine persönliche Empfehlung war das A und O in der Baubranche. Von der damals widerwillig gelernten Gründlichkeit profitiere ich bei meiner Arbeit bis heute, und auch meine Brüder, die in Deutschland Handwerksberufe erlernen, scheinen sich ganz gut zu behaupten.

Vaters Gründlichkeit nahm allerdings manchmal absurde Züge an: In Syrien gab es keine Mülltrennung. Trotzdem mussten wir leere Zementsäcke aus Papier vom Rest trennen. Es war eine sinnlose Aktion, weil danach alles in einem Container landete – bei den faulenden Obstschalen und dem restlichen Müll. Aber Vater bestand darauf. Würde er in Deutschland leben, hätte er vielleicht die Grünen gewählt und für die Einführung der Biotonne gekämpft.

Heute denke ich, dass sein Hang zur Ordnung und Struktur unser Leben leichter machen sollte: Inmitten des staatlichen Chaos versuchte mein Vater, seine eigene Sicherheitszone zu errichten – für sich und seine Familie.

Ich weiß nicht, ob alle syrischen Väter so waren. Auf jeden Fall kannte ich viele Väter und Brüder, die am bekannten Bab-Antakya-Platz in Ost-Aleppo als Tagelöhner auf eine Arbeit warteten. Ab 4 oder 5 Uhr morgens standen die Männer da und warteten manchmal stundenlang, denn schon vor dem Ausbruch des Krieges 2011 war die Auftragslage im Bausektor aufgrund einer Wirtschaftskrise und eines staatlich verordneten Baustopps sehr schlecht geworden. Wenn Vater davon erzählte, spürte ich seine Wut auf die schlechte Organisation unseres Landes. Er fragte sich, warum der Staat die Menschen nicht als arbeitslos registrierte und versuchte, sie in Arbeit zu bringen. Er träumte von einer Art Arbeitsamt.

»Gleich gibt es Essen«, ruft Jans Mutter aus der Küche. »Ich brauche helfende Hände!«

Nicht nur Jan und ich springen auf, sondern auch Harald.

»Ich bin für den Salat zuständig«, zwinkert er mir zu.

Während wir Jungs den Tisch decken, schnippelt Harald den Salat und rührt das Dressing. Es scheint ihm Vergnügen zu bereiten, das ist sein Feierabendspaß.

Der Moment, als mein Vater von der Arbeit kam, um mit der Familie zu essen, war der Höhepunkt des Tages. Setzte die Dämmerung ein, wussten wir Kinder, dass wir nach Hause mussten, weil mein Vater bald nach Hause kommen würde. Als er endlich eintraf, müde und hungrig, fingen wir mit dem Tischdecken an. Es war ein fester Ablauf: Einer brachte die großen Töpfe, ein anderer die Löffel und die Teller. Mein Vater blieb sitzen – denn er hatte schon den ganzen Tag geschuftet.

Besonders wichtig war der Tee danach, mit viel Zucker. Eins der Geschwister holte die Zinnkanne vom Gaskocher und schenkte uns allen ein.

Unter der Woche war Vater zwischen 18 und 20 Uhr zu

Hause, wenn die Busse es zuließen. An seinen rissigen Händen klebte oft noch der Zementstaub. Es tat weh, zu sehen, wie erschöpft er war, und zu wissen, dass er am nächsten Tag wieder um 6 Uhr das Haus verlassen musste – an mindestens sechs Tagen die Woche.

Aber beim Teetrinken entspannte er sich. Dabei nahm er gern seine Armbanduhr ab und machte sie sauber. Hätte er sie nicht regelmäßig gereinigt, wäre am Ende der Woche aus der Uhr eine Zementskulptur geworden.

Die Zeit des Teetrinkens war für uns alle sehr wichtig: Es gab Austausch, aber auch Standpauken. Vater war das Gesetz, auf das man hören musste. Er war dafür zuständig, dass wir Söhne und Töchter gut erzogen wurden. Angefangen bei der Frage, welche Kleidung wir wann tragen sollten, bis hin zu unseren Umgangsformen. Vater schimpfte mit uns, wenn wir unsere Hausaufgaben für die Schule nicht gemacht hatten oder es Probleme mit den Nachbarkindern gab. Und er hielt uns dazu an, unserer Mutter zu helfen. Während mein Vater eher als der »Staatsanwalt« auftrat, spielte unsere Mutter die »Rechtsanwältin«.

»Ach, lass sie doch, die Kinder waren sehr fleißig«, sagte sie oft zu unserer Verteidigung. Aber sobald Vater außer Sichtweite war, wechselte sie den Ton. Ich glaube, sie war eine gute Diplomatin, wie viele syrische Mütter ihrer Generation.

War unser Vater zu streng?, frage ich mich, während ich beobachte, wie Jans Vater mit seinem Sohn und seiner Frau scherzt. Obwohl Harald ungefähr so alt wie mein Vater ist, hat er etwas Jungenhaftes. Ob seine Kinder Respekt oder gar

Angst vor ihm haben? Ob er mit Jan geschimpft hat, als der das erste Mal betrunken nach Hause kam? Oder als Jan seine Haare blau gefärbt hatte, ohne zu fragen? Ich habe eher das Gefühl, dass es Heike ist, die Mutter, vor der die beiden Männer ein bisschen Angst haben. Sie ist es, die Anekdoten darüber erzählt, wie Jan als Erstklässler seine Hausaufgaben versteckte. Und sie war natürlich diejenige, die mit ihm schimpfte und ihn dazu brachte, die lästigen Schreibübungen zu machen.

Meine Mutter kann nicht schreiben, mein Vater nur sehr langsam. Das Erste, was er uns Kinder abends fragte, war: »Und, habt ihr eure Hausaufgaben gemacht?«

Wenn man die Fragen zwei Tage hintereinander verneinte, gab es Ärger. Wenn man sie aber bejahte, dann sagte er: »Dann setz dich hin und lies noch etwas. Bereite dich für morgen vor.« Wie auf der Baustelle – man musste immer den nächsten Tag vorbereiten. Man durfte nie rasten. *Ora et labora*, bete und arbeite: Dieses Motto der Benediktinermönche würde meinem Vater sehr gut gefallen.

Die zweite Frage, die Vater an uns Kinder stellte, war etwas differenzierter. Meine Schwestern fragte er: Habt ihr eurer Mutter geholfen? Und uns Jungs: Habt ihr die Ziegen ausgeführt, habt ihr die Gasflasche ausgewechselt etc.? Ich würde nicht sagen, dass er uns Söhne besser behandelte als die Töchter. Wir waren einfach für verschiedene Aufgaben zuständig.

Mein Vater hatte sich das Lesen und Schreiben selbst beigebracht, meine Mutter hatte diese Möglichkeit nicht. Dafür kamen beide erstaunlich gut im Leben zurecht. Es ist mir bis heute ein Rätsel, wie sie ohne ein fest kalkulierbares Monatseinkommen wirtschaften konnten. Da der Lohn wöchentlich gezahlt wurde – wenn überhaupt –, konnten sie nicht langfristig planen. Trotzdem hat mein Vater meine Mutter, zumindest in unserer Gegenwart, nie gefragt: »Wo ist das Geld geblieben?« Man gab das aus, was man brauchte. Er hat ihr einfach vertraut.

Mein Vater hatte ein schwarzes Notizbuch, das er immer bei sich trug. Wenn er donnerstags nach der Arbeit nach Hause kam, bat er einen von uns: »Kannst du bitte aufschreiben, dass ich heute 1000 Lira bekommen habe«, was umgerechnet ca. 16,60 Euro sind. Er war sehr stolz darauf, dass alle seine Jungs und Mädchen schreiben und rechnen konnten. Obwohl er selbst nie zur Schule gegangen war, konnte er erstaunlich gut rechnen – und zwar im Kopf. Wenn ich manchmal das Material für das Verputzen der Wände mit dem Taschenrechner berechnen musste, war er vor mir fertig. Das hat mich immer sehr beeindruckt. Und obwohl er keine Bücher las, konnte man mit ihm über alles Mögliche reden und diskutieren. Woher nahm er nur sein ganzes Können und seine Lebensklugheit?

9. Bismarck sei Dank

»Wie viel Rente würde dein Vater kriegen, wenn er jetzt in Syrien wäre?«, fragt mich Jans Vater. Wir sitzen beim Frühstück, das mittlerweile ein Brunch ist, weil es am Abend davor ziemlich spät geworden war.

»Seine Rente? Das sind wir. Meine Geschwister und ich.«

Nächstes Jahr wird unser Vater 66. Und mir wird bewusst, dass ich kaum etwas über das Thema Rentenversicherung in Syrien weiß. Erst eine Recherche im Internet hilft mir auf die Sprünge. Nach den syrischen Gesetzen wäre mein Vater seit fünf Jahren Rentner, doch er bekommt keine einzige Lira. Nicht nur, weil der Krieg dazwischenkam, sondern weil er als selbstständiger Kleinunternehmer in keine Rentenkasse eingezahlt hat. Den Informationen des syrischen Staates von 2010 zufolge hätte er mindestens 15 Jahre lang einzahlen müssen, um eine, vermutlich minimale, Altersrente zu bekommen. Das ist also genauso geregelt wie in Deutschland. Ich weiß nicht, ob mein Vater von dieser Möglichkeit wusste. Er war froh, dass er seine Familie die ganzen Jahre über satt bekommen hat und dass er uns ein eigenes Dach über dem Kopf ermöglichen konnte, wenn auch ein bescheidenes.

In meiner Nachbarschaft oder Verwandtschaft kenne ich wenige Menschen, die einen Anspruch auf Rente hätten. Ein Onkel, der in der Stadtverwaltung tätig war, starb vor dem Erreichen des Rentenalters. Ein Nachbar, ebenfalls ehemaliger Staatsbediensteter, bezog zwar eine Rente, musste aber zusätzlich als Kleinbusfahrer arbeiten, weil sein Altersruhegeld meistens nur bis zur Mitte des Monats reichte. Wenn der Nachbar mehrere Kinder gehabt hätte, dann hätte er nicht zusätzlich arbeiten müssen, weil er von jedem Kind finanziell unterstützt worden wäre. Da dieser Nachbar aber nur einen Sohn hatte, der außerdem im Libanon arbeitete, war dieser Nebenjob nötig.

»Und deine Mutter?«, fragt Jans Mutter. »Was ist mit ihr?«
»Sie wird nächstes Jahr 56.«

Die Frauen in Syrien werden mit 55 berentet, ergibt später meine Recherche, also könnte meine Mutter theoretisch von ihrem Exil aus einen Rentenantrag stellen. Da sie aber niemals eingezahlt hat und auch niemand wüsste, an wen sie diesen Antrag richten soll, würde sie leer ausgehen.

Als Heike sich erkundigt, ob meine Mutter etwas gearbeitet habe, gerate ich ins Stocken. Unsere Mutter hatte auf dem Feld eines Nachbarn ausgeholfen, aber gilt das als Berufstätigkeit? Sie hat zehn Kinder großgezogen und den Haushalt und die Finanzen gemanagt. Zählt das als Arbeit?

Heike hat Jan und seine Schwester großgezogen und arbeitet seit Jahren halbtags, die andere Zeit widmet sie sich dem Haus, dem Garten und ihren Hobbys. Ich könnte behaupten, das Hobby meiner Mutter sei das Einwecken von Obst und Gemüse und das Nähen unserer wunderschönen

Tagesdecken gewesen. Oder das Betreuen und Umsorgen der Enkel. Aber ich lasse es sein.

Jans Mama wird eines Tages ungefähr halb so viel Rente wie ihr Mann bekommen und noch etwas dazu wegen der Erziehung der Kinder. Meine Mutter wird keine Rente bekommen, mein Vater ebenfalls nicht. Sie besitzen kein Gold und keine weiteren Immobilien außer unserem wahrscheinlich zerstörten Haus in Aleppo. Daher sind wir Söhne und Töchter ihre einzige Altersvorsorge.

In den Mittagspausen auf der Arbeit spielen wir manchmal online ein Wissens-Quiz, das baut Spannung ab und hält den Kopf fit. Neulich fragte mich eine Kollegin: »Faisal, ich muss heute gewinnen, du bist doch politisch interessiert. Wer hat in Deutschland die gesetzliche Krankenversicherung begründet?«

»Bismarck«, antwortete ich auf gut Glück.

»Nee, das kann nicht sein, der doch nicht.«

Als wir im Internet nachsahen, stellte sich meine Antwort als richtig heraus. Die Kollegin war genauso verblüfft, wie ich es gewesen war, als ich einige Wochen davor eine Dokumentation über den Erfinder des deutschen Wohlfahrtsstaates gesehen hatte: dass ausgerechnet Bismarck die paritätisch finanzierte Sozialversicherung erfunden hat. Als der preußische Reichskanzler am Ende des 19. Jahrhunderts die Kranken- und die Unfallversicherung einführte, wusste er noch nicht, dass sein Modell in fast allen entwickelten Gesellschaften nachgeahmt werden würde. Im ländlich-bäuerlichen Syrien hat sich das Thema Sozialstaat allerdings noch nicht herumgesprochen.

Natürlich speisten sich Bismarcks sozialpolitische Initiativen nicht aus reiner Menschenliebe, sondern aus politischem Kalkül. Er wollte der aufstrebenden Arbeiterbewegung den Wind aus den Segeln nehmen, weil ihr Streben nach einer gerechteren Gesellschaft auf fruchtbaren Boden fiel und die Macht der preußischen Junker bedrohte. Also versuchte er die allerhärtesten Folgen der Industrialisierung mit Sozialgesetzen abzupuffern, um die arbeitende Bevölkerung zu besänftigen. Kurz nach seiner Entmachtung 1890 wurde auch die Rentenversicherung ins Leben gerufen. Schade, dass die syrischen Machthaber des 20. und 21. Jahrhunderts sich nicht in dieser Weise um die Erhaltung des sozialen Friedens gekümmert haben.

Einer Internetseite des Bundesamtes für Migration und Flüchtlinge (BAMF) entnehme ich, dass Syrien im Jahr 2010 eine kostenlose Gesundheitsversorgung hatte. Dabei fällt mir meine Lymphknotenoperation ein. Ich wollte gerade mein Abitur machen, als bei mir eine Schwellung am Hals entstand. Mandelentzündung, dachte ich und holte mir in der Apotheke ein Medikament. Ohne Erfolg. Also musste ich zu einem HNO-Arzt, der feststellte, dass ich wahrscheinlich operiert werden müsse.

»Auf keinen Fall«, sagte ich, »in ein paar Monaten mache ich mein Abi.«

Also wurde ich ausgiebig untersucht und bekam Antibiotika, die sehr teuer waren. Beim dritten Besuch teilte mir der Arzt mit, dass die gutartige Schwellung doch operativ behandelt werden müsse. Ich dachte nur an die Kosten und an die Prüfungen, er sagte: »Denk an deine Gesundheit.«

Er erklärte mir, dass es zwei Möglichkeiten gäbe. Ich könnte mich in einem staatlichen oder in einem privaten Krankenhaus operieren lassen. Aber für einen Termin in einem staatlichen Krankenhaus brauchte man Beziehungen, für ein privates Krankenhaus hingegen viel Geld. Beides hatten wir nicht. Es gab jedoch noch eine dritte Möglichkeit: Man konnte sich im Universitätskrankenhaus kostenlos von Studenten operieren lassen – für viele Syrer die einzige Möglichkeit. Der Arzt warnte aber, dass ein Eingriff am Hals gefährlich sei, weil leicht ein Nerv verletzt werden könnte. Ich stimmte trotzdem zu. Meinen Eltern erzählte ich, es sei ein völlig harmloser Eingriff. Dennoch bat ich einen meiner Brüder, mich zur OP zu begleiten. Und ich war sehr glücklich, dass auch mein älterer Bruder mitkommen konnte. Erst nach dem Einsatz von Bakschisch hatte er seinen wohlverdienten Urlaub vom Militär bekommen.

Als ich aus der Narkose erwachte, erfuhr ich, dass der Eingriff fünf Stunden gedauert hatte, die Studenten hatten sich verschnitten. Schließlich hatte der Professor die OP zu Ende geführt, und es war alles gut gegangen. Ich hatte mal wieder Glück im Unglück gehabt.

Kostenlos waren nur unsere Abstecher zur Apotheke – der wichtigsten Säule des syrischen Gesundheitssystems. Wenn jemand krank war und die Pillen aus unserem kleinen Medikamentenschrank nicht halfen, dann ging man zum Apotheker. Er wusste immer, welches Mittel wie lange eingenommen werden muss. Seine Striche auf der Medikamentenpackung waren für jedermann verständlich. Erst wenn es nicht anders ging, wurde eine private Arztpraxis aufgesucht, denn dieser Spaß war teuer. Eine Untersuchung konnte zwischen 5 und 15 Euro kosten, dazu kam noch das Medikament. Keine einfache Entscheidung – der Tageslohn eines Bauarbeiters lag unter 5 Euro. Mehrfach mussten meine Eltern Geld von den Nachbarn leihen, wenn jemand von uns ernsthaft erkrankte. Zum Glück waren wir das nie alle gleichzeitig.

Der einzige Vorteil dieser Praxisbesuche war, dass man keinen Termin brauchte. Natürlich war es reine Glückssache, ob man sofort untersucht wurde oder erst nach den zehn anderen Wartenden. Aber ich frage mich heute, was besser ist: sechs Wochen auf einen Termin zu warten, wie manchmal hier in Deutschland, oder ein paar Stunden im Wartezimmer auszuharren in dem Wissen, dass man auf jeden Fall am selben Tag drankommt.

Was es hieß, ohne soziale Absicherung zu leben, merkten wir, als unser Vater das erste Mal erkrankte. Er hatte starke Nierenschmerzen, konnte es sich jedoch weder leisten, zu Hause zu bleiben, noch, ins Krankenhaus zu gehen. Ich werde diese Tage nie vergessen: Es war Sommer, ich hatte gerade die 5. Klasse beendet, meine zwei älteren Brüder die 8. und die 11., und es waren Gott sei Dank Ferien, denn so konnten wir unseren Vater auf die Baustelle begleiten. Trotz der Schmerzen wollte er unbedingt zum Objekt gefahren werden. Ich sehe ihn noch vor mir, wie er auf einer alten Matratze lag und uns Söhnen genaue Anweisungen erteilte. Neben ihm standen die Plastiktüten mit den Medikamenten. Es tat weh, unseren starken Vater so hilflos zu sehen. Plötzlich waren die Rollen vertauscht: Nun waren wir diejenigen, die arbeiten und die Familie ernähren mussten. Natürlich wären wir ohne seine Anleitung verloren gewesen. Und er ohne uns.

Damals ahnten wir noch nicht, dass unsere Kindheit vorbei war. Wir älteren Söhne mussten in den folgenden Jahren für eine gewisse Zeit aus der Schule raus, um auf den Baustellen unseres Vaters mitzuarbeiten. Die meisten von uns kehrten später auf die Schulbank zurück, um unsere Abschlüsse zu machen. Der Drittälteste von uns ist nach der 8. Klasse aber nicht mehr zurück in die Schule gegangen. Er war jetzt der Hauptverdiener in der Familie – zusammen mit unserem Vater natürlich. Übrigens war unsere Familie keine Ausnahme. Es war üblich, dass ein Schüler oder eine Schülerin die Ausbildung unter- oder sogar abbrach, um die Familie zu unterstützen.

Welchem Stress man als Hauptverdiener ausgesetzt war, bekam ich am eigenen Leib zu spüren, als auch ich in der 11. Klasse die Schule unterbrechen musste. Die wirtschaftliche Lage im Land hatte sich verschlechtert. Mein ältester Bruder war schon zum Studieren nach Deutschland gegangen, der Zweitälteste war beim Militär. Das Geld wurde zu Hause dringend benötigt, für Essen, Studiengebühren und Schulden, die wir zurückzahlen mussten. Es gab keine Alternative: Ich musste – und wollte – für unseren kranken Vater einspringen. Es war eine stressige Zeit für mich, in der ich aber auch viel gelernt habe. Zum Beispiel, wie man eine Baugenehmigung bekam, obwohl es offiziell keine gab.

Da das Land in einer Krise steckte, klagten die Bauherren, sie müssten immer mehr Schmiergeld zahlen. Es war keine Seltenheit, dass die Beamten von der Baubehörde auf der Baustelle vorbeikamen, um den Bau zu stoppen. Einer von ihnen wurde dann diskret zur Seite genommen, danach durfte weitergebaut werden. So kostete die Genehmigung einer Etage im Stadtteil Al Raschidin etwa 500 000 Lira – das sind über 6000 Euro. Das hatte zur Folge, dass für uns – die kleinen Subunternehmer – immer weniger übrig blieb. Hatten wir einen größeren Auftrag, mussten wir selbst weitere Arbeiter anheuern, die wir von unserem Wochenlohn bezahlen mussten.

In dieser Zeit hatte ich häufiger mit den syrischen Behörden zu tun. Das ist eine zeitraubende Angelegenheit, denn man muss immer persönlich zum Amt gehen. Wenn man Glück hat, findet man den richtigen Beamten. Aber wenn man ihn gefunden hat, ist das noch keine Garantie, dass das Anliegen auch bearbeitet wird.

Deswegen genieße ich es heute sehr, wenn ich in einer deutschen Behörde anrufe und ein richtiges Gespräch mit der zuständigen Person führen kann. Auch wenn viele Deutsche über Behördengänge fluchen – mir sind diese viel lieber als Online-Formulare, Anrufbeantworter oder Kundenzentren. Irgendwie fehlt mir das Vertrauen, dass mein Anliegen von der Maschine oder dem Callcenter-Mitarbeiter an die richtige Person weitergeleitet wird.

Während meiner Jahre auf dem Bau lernte ich viel über die syrische Gesellschaft. Unser Job war es, Häuser und Wohnungen für wohlhabende Einwohner von Aleppo und Umgebung innen zu verputzen. So erhielten wir einen guten Einblick in das Leben einer anderen Gesellschaftsschicht: Diese

Familien zogen in fertig gestrichene und renovierte Häuser, die Badezimmer waren bereits gefliest, die Gärten bepflanzt. In diesen Stadtvierteln, die *Halab al Jadida,* »das neue Aleppo«, oder *Al Zahra,* »die Strahlende«, hießen, bekam man eine schlüsselfertige Wohnung übergeben und nicht einfach ein nacktes Grundstück, wie meine Eltern im Frühsommer 1984. Das Grundstück hatten sie einem Bauern abgekauft, es lag am Rande der Stadt, wo offiziell nur Getreide und Gemüse angebaut wurden. Nachdem die Baugrube ausgehoben und die Betonplatte gegossen war, hat mein Vater das erste Zimmer und die Toilette gebaut. Zuerst standen da nur die blanken Mauern und eine Plane als Zimmerdecke. Bis zum Herbst wurde dann das eine Zimmer mit einem Dach versehen. Der Rest vom Grundstück bestand aus Erde. In einer Ecke legte meine Mutter einen Garten an.

So lebten sie mit ihrem ersten Kind in ihrem bescheidenen Zuhause, das im Laufe der Jahre – je nach Geld und Kinderzahl – um eine Zimmerwand oder gar einen ganzen Raum wuchs. Als ich als viertes Kind auf die Welt kam, gab es schon zwei Zimmer und die Küche. Da das Geld für eine weitere Bodenplatte gefehlt hatte, musste man über den erdigen Hof, um zur Küche oder zur Toilette zu gelangen. Im Winter waren daher Gummischuhe Pflicht.

Mitte 2011 war unser Haus endlich fertig: Wir hatten Außenwände, mehrere Zimmer und einen gefliesten Innenhof – in Spanien und Amerika würde man Patio dazu sagen. Der ehemalige Ziegenstall war mein Zimmer geworden. Die Dachterrasse war so konstruiert, dass darauf eines Tages ein weiteres Stockwerk errichtet werden konnte. Meine Eltern konnten zu Recht stolz sein auf das, was sie erreicht hatten. Doch dann kam der Krieg.

Unser Haus war das Ergebnis jahrelanger Arbeit – vor allem an den Wochenenden. Wir konnten ja nur freitags und samstags an unserem eigenen Objekt bauen. Deswegen fühlt sich das Wort Wochenende für mich bis heute irgendwie fremd an.

Lange Jahre bestand unser Wochenende übrigens nur aus dem Freitag, der in der arabischen Welt Samstag und Sonntag in einem ist. Erst im Jahr 2004 kam ein zweiter arbeits- und schulfreier Tag dazu. Ältere deutsche Kollegen erzählten mir, dass auch sie noch bis in die 1980er-Jahre am Samstag zur Schule mussten.

Donnerstags sagte mein Vater oft: »Macht eure Hausaufgaben heute Abend, denn morgen, am Freitag, müssen wir hier eine Wand verputzen.«

Oder wir fuhren zu einem Bauobjekt, das er gerade betreute. Dass Vater jahrelang kein Wochenende hatte, hat sich schließlich gesundheitlich negativ auf ihn ausgewirkt. Auch ich habe jahrelang unter der Woche gelernt oder studiert und an den freien Tagen auf der Baustelle gearbeitet. Manchmal träume ich noch davon, wie ich in einem Höllentempo Mörtel an die Wand klatsche.

Ich habe erst in Deutschland begriffen, dass das Wort Wochenende mit dem Ende der Arbeit zu tun hat. Wenn man sich das leisten kann, soll man sich Ruhe und Entspannung gönnen.

Aber wie soll man sich ausruhen, wenn der Alltag einen

zum permanenten Tätigsein zwingt? Viele alltägliche Dinge kosteten in Syrien viel mehr Zeit und Mühe als in Deutschland. Wenn ich von der Hauptpost aus einen wichtigen Brief an meinen Bruder nach Deutschland schicken oder auch nur zur Uni fahren wollte, brauchte ich mehr als eine Stunde pro Fahrt. Zuerst musste ich den Minibus nehmen und dann in einen der großen grünen Busse umsteigen, die ab etwa 2005 aus China importiert wurden. In ihnen saß man auf billigen Plastikstühlen, sodass einem bei der Ankunft der Rücken wehtat. Diese Busse waren nicht nur voll, sondern auch teurer als die früheren Busse. Die Privatisierungswelle, mit der sich unser Staatschef rühmte, brachte Vorteile nur für die zwei oder drei reichen Familien, denen die grünen Busse gehörten. Aber für die zahllosen kleinen Familienunternehmen, die mit ihren Minibussen alle möglichen Strecken abgedeckt hatten, bedeutete diese Reform den Ruin, so wie bei einem Cousin von uns. An so einem Minibus hingen mehrere Jobs: zwei Fahrer, ein Schaffner, ein Automechaniker, manchmal sogar eine kleine Werkstatt, wenn man mehrere Fahrzeuge betrieb. Nun waren diese Stellen weg.

Einige behaupten, erst die Proteste hätten Syrien destabilisiert. Ich hingegen frage mich, wie stabil ein Land sein konnte, dessen Straßen keine Namen hatten und in dem es keine Briefkästen für deren Bewohner gab? In dem man gezwungen war, um jede Kleinigkeit hart zu kämpfen, und dessen Behörden einen dazu brachten, dauernd in Ungewissheit zu verharren, sodass fast der Eindruck entsteht, es sollte keine Zeit bleiben, an Politik zu denken. In Deutschland habe ich gehört, dass das auch einer der wichtigsten Unterschiede zwischen Ost- und Westdeutschland war: In der DDR herrschten Mangel und Willkür wie in Syrien, was die Bevölkerung demotivierte. Nur ist das Volk dieses Regime losgeworden – zum Glück ohne Krieg.

Neulich habe ich in Hamburg eine junge Flüchtlingsfamilie zum Arzt begleitet. Sie kamen mit einer halben Stunde Verspätung am Treffpunkt an, weil sie die Adresse nicht hatten entschlüsseln können. Sie hatten die Postleitzahl für den Straßennamen gehalten. Obwohl sie aus Damaskus stammten, ging es ihnen in Syrien wie mir. Wenn ich jemanden besuchen wollte, bekam ich keine Adresse, sondern eine Beschreibung: Du läufst bis zum Ende der Straße, gehst zum Gemüseverkäufer und fragst, wo der Vater von Sowieso wohnt.

In Deutschland hat alles seine Ordnung, alles ist geregelt. Erstaunlich, wie schnell man sich an die gute Infrastruktur gewöhnt. Daran, dass der Strom nicht ausfällt, weil die hängenden Kabel einen Wackelkontakt haben, und daran, dass aus dem Hahn immer warmes Wasser fließt, wenn man es braucht. Was die Verkehrsmittel betrifft, bin ich inzwischen sehr deutsch geworden: Wenn der Bus oder die Bahn ein paar Minuten zu spät kommt, fühle ich mich bedroht und sehe den Weltuntergang kommen. Wie ich früher in Syrien leben konnte, kann ich mir selbst nicht mehr erklären. Niemand wusste, wann der Bus und ob er überhaupt kommt. Wir hatten keine U-Bahn oder S-Bahn. Es gab zwar die Eisenbahn, aber es war nicht üblich, mit dem Zug zu fahren. Ich bin in Syrien nie Zug gefahren, kenne aber einige, die manchmal die Verbindung Aleppo–Latakia nutzten. Der Hauptbahnhof in Aleppo heißt »Bagdad-Bahnhof« – er wurde noch vor 1914, unter den Osmanen, gebaut, als Teil der berühmten, von Deutschland unterstützten Bagdad-Bahn, die von Istanbul bis nach Bagdad reichte.

Mein wichtigstes Verkehrsmittel in Deutschland ist das Fahrrad – obwohl ich erst hier Radfahren gelernt habe. Das hat vor allem mit den Straßen in meinem Aleppo zu tun: Man konnte dort keine Strecke bewältigen, ohne zur Strecke gebracht zu werden.

Neulich habe ich den Begriff Getto kennengelernt. Seitdem weiß ich, dass ich in einem Problemviertel aufgewachsen bin. Viele Straßen in unserem Stadtteil waren nicht asphaltiert und hatten keine Kanalisation. Die entsprechenden Anträge an das Bauamt wurden abgelehnt. Deswegen beschlossen eines Tages alle Nachbarn in unserer Straße, sich selbst um die Infrastruktur zu kümmern. Es wurde Geld gesammelt, um zuerst die Kanalisationsrohre zu verlegen und dann die Straße zu teeren. Es war eine lange Straße mit etwa 100 Häusern, und jeder musste je nach Grundstücksgröße bezahlen.

Für das Verlegen der Rohre wurde die Straße in Abschnitte unterteilt. Unser Abschnitt zählte etwa 30 Häuser, und da wir vom Fach waren, bekam mein Vater den Auftrag. Die Baugruppe hatte einen Bagger gemietet. Ich kann mich noch gut erinnern, wie gegraben und dann der Grund betoniert wurde, um Absenkungen zu verhindern. Dann wurden die Rohre verlegt, mit Zement verbunden und mit Sand und Erde zugeschüttet. Es waren riesige Betonrohre, in die mein

Bruder und ich kriechen mussten, um von innen die Fugen zu verputzen. Das war eine unvergessliche Zeit in der Kanalisation. Heute wäre so etwas vermutlich ein *event*, für das Leute Geld bezahlen würden.

Wir Brüder waren sehr stolz, dass wir mitgeholfen hatten, denn die Kanalisation sollte das Leben unserer Mütter leichter machen. Die Böden des Hauses waren so gebaut, dass das Wasser aus allen Zimmern im Innenhof zusammenfloss und von da aus über eine Rinne, von uns selbst gemauert, auf die nächste freie Fläche geleitet wurde. Ich sehe noch meine Mutter, wie sie regelmäßig diese Abflussrinne mit einem harten Besen schrubbte und reinigte. Nun war diese Zeit vorbei.

Heute wird mir klar, wie wichtig die Nachbarschaft, unser *Dshiran*, für uns war. Da der Staat uns im Stich ließ, mussten wir uns selbst helfen. In der Gemeinschaft der Nachbarn funktionierte alles – im Gegensatz zum Staat. Deswegen gefällt mir das föderale, dezentralisierte System in Deutschland ziemlich gut, und auch das Vereinswesen ist etwas, das ruhig nachgeahmt werden kann.

Die Selbstverwaltungskompetenz der syrischen Gesellschaft fernab des Machtzentrums konnte man im ersten Jahr nach Beginn der Proteste erleben. Was in dieser Zeit an gegenseitiger Unterstützung geleistet wurde, könnte man als Beginn dessen bezeichnen, was man Zivilgesellschaft nennt. Ich hoffe sehr, dass nach sieben Jahren Krieg etwas davon übrig geblieben ist.

Vor ein paar Monaten bekam ich einen Brief an meine Hamburger Adresse. Ich war nach dem Zufallsprinzip ausgewählt worden, um an einem repräsentativen Gesundheits-Screening teilzunehmen. Als Mann von Ende zwanzig durfte ich die Bevölkerung dieser Stadt repräsentieren und hatte zugleich das Glück, gratis an einen kostenlosen Rundum-Check zu kommen. Ich war tief beeindruckt.

Vielleicht kommt auch in Syrien der Tag, an dem die Bürger solche Schreiben bekommen. Oder der Tag, an dem für die vielen Kriegsversehrten Behindertenparkplätze entstehen und die grünen Busse mit Rampen für Rollstühle versehen werden. Vielleicht erlebt auch Nachkriegssyrien irgendwann sein Wirtschaftswunder. Vielleicht.

10. Amtsdeutsch für Ausländer

Kurz vor Weihnachten 2016 rief mich eine syrische Bekannte an, die vor Kurzem nach Deutschland geflüchtet war. Sie klang verzweifelt.

»Faisal. Ich habe vom Jobcenter einen Brief bekommen. Ich verstehe nichts. Bitte hilf mir.«

Dank WhatsApp hatte ich den Brief sofort auf meinem Smartphone. Meine Bekannte sollte bestimmte Unterlagen einreichen. Abgabefrist: 5. Januar, also kurz nach den Feiertagen, ansonsten würden ihre Leistungen gestrichen. Als alleinerziehende Mutter von zwei heranwachsenden Kindern war sie natürlich in Sorge.

Ratlos starrten wir auf den Betreff, mein Bruder und ich, der kurz vorm Diplom stand: Verlangt wurde eine »Ordnungsverfügung bzw. ein Nutzungsbescheid«. Auch unsere Mitbewohnerin, Muttersprachlerin und Studentin, konnte nicht weiterhelfen.

Ich fing an zu telefonieren. Zum Glück kannte meine Gastmutter jemanden, der in juristischen Dingen versiert war. Meiner syrischen Bekannten konnte also geholfen werden.

An diesem Beispiel merkte ich mal wieder, wie reich die deutsche Sprache ist – und wie unergründlich das Behördendeutsch. Schade, dass es nicht als Zweitsprache an den weiterführenden Schulen gelehrt wird, sonst hätte unser kleiner Bruder, der damals die Berufsschule besuchte, vielleicht den Begriff Ordnungsverfügung gekannt. Ich bin mir sicher, dass viele einheimische Leistungsempfänger genauso ratlos angesichts solcher Behördenschreiben sind und nicht wissen, wen sie fragen sollen. Ich bin froh, dass weder ich noch meine Brüder auf das Jobcenter angewiesen sind und keine unverständlichen Briefe bekommen, in denen mit Leistungskürzung gedroht wird.

Aber natürlich ist das Jammern auf hohem Niveau. In meinem Syrien, in dem es keine Briefkästen gab, wären wir über einen Behördenbrief, in dem überhaupt von Sozialleistungen die Rede wäre, froh gewesen.

Wenn man ein Papier von einer syrischen Behörde brauchte, musste man es dort selbst holen, so wie im bekannten Sprichwort: »Wenn der Berg nicht zum Propheten kommt, muss der Prophet zum Berg gehen.« Hatte man es geschafft und erhielt das benötigte Schriftstück, musste man den Inhalt, der in Hocharabisch verfasst war, erst entziffern. Weder meine Mutter noch mein Vater konnten einen solchen Brief ohne unsere Hilfe verstehen, denn Hocharabisch wird im Alltag kaum verwendet. Auf der Straße, in der Nachbarschaft, auf der Arbeit, beim Arzt, aber auch in vielen Fernsehsendungen wurde der jeweilige Dialekt gesprochen, sogar von den Beamten in den Behörden. In unserem Stadtteil und bei uns zu Hause sprachen wir unseren eigenen Dialekt, der Ähnlichkeiten mit der irakischen Mundart aufweist und eher in Zentral- und Ostsyrien verbreitet ist, wie zum Beispiel in Deir ez-Zor und in ar-Raqqa. Im Zentrum der Stadt wurde *Al Halabia,* das »aleppinische« Arabisch, gesprochen, aber es gab auch Stadtteile, in denen man überwiegend *Kurmanci,* Kurdisch, und Armenisch hörte.

Schriftsprache und gesprochene Sprache waren für viele Menschen zwei verschiedene Welten. Sogar die Beipackzettel der Medikamente, die man beim Apotheker kaufte, waren für die einfachen, nicht belesenen Menschen unverständlich, weil sie in der ihnen fremden, offiziellen Sprache geschrieben waren. Die Apotheker erklärten zwar, wie die Arznei eingenommen werden muss, und machten ihre Striche auf den Packungen. Trotzdem mussten wir für unsere Eltern übersetzen, was auf den Zetteln stand, und auch die Nachbarn kamen oft vorbei, um etwas vorgelesen oder erklärt zu bekommen.

Wenn man etwas nicht versteht, fühlt man sich wie ein kleines Kind – angewiesen auf die Gunst der Erwachsenen. So müssen sich meine Eltern gefühlt haben, wenn sie ein Behördenschreiben in der Hand hielten, das sie nicht verstanden, da sie keine Chance gehabt hatten, die Amtssprache zu erlernen.

Wenn man in einem fremden Land sein Leben neu beginnt und die Sprache lernen muss, fühlt man sich ebenfalls klein. Wie ein Kleinkind wagt man jeden Tag einen Schritt mehr, fällt hin, lernt ein neues Wort dazu, läuft weiter. Man ist auf das Wohlwollen der Erwachsenen, der Muttersprachler, angewiesen, die einem ermutigend zulächeln und auch die Hand reichen, wenn man stolpert.

Ungefähr 2000 Vokabeln braucht ein Erwachsener, um eine alltagstaugliche Konversation führen zu können, das Lesen von Behördenbriefen mal ausgenommen. Gerechnet auf ein Jahr sind das 5,5 neue Wörter pro Tag.

Meine ersten zwei Wochen in Deutschland verbrachte ich im Zimmer meines Bruders, mit meinem Laptop. Während er an der Hochschule war, paukte ich Deutsch. Zwischen YouTube-Kursen und Nachrichten aus Syrien habe ich wie ein Berserker Vokabeln gelernt – nur um bei den Gesprächen mit unseren Gasteltern festzustellen, wie langsam ich vorankam.

Wenn ich an meine Aussprache aus meiner Anfangszeit denke, muss ich lachen. Was habe ich gekämpft mit den Ü- und Ö-Lauten, die für uns Araber unaussprechbar wirken. Vielleicht liebe ich deswegen den Loriot-Sketch mit dem schwer zu verstehenden Monsterdarsteller.

Mein Ehrgeiz war es damals, pro Tag 50 neue Wörter zu lernen. Bis zum Ende der Woche blieb davon leider nur die Hälfte übrig, denn Vokabeln kann man nur dauerhaft behalten, wenn man sie auch benutzt.

Ich konnte mir diesen Sprach-Arrest nur leisten, weil ich in dieser Zeit Unterstützung durch meinen Bruder und unsere Gasteltern bekam. Hätte ich vom ersten Tag an arbeiten müssen oder hätte ich in einer Asylbewerberunterkunft gewohnt, wäre das Deutschlernen viel mühsamer gewesen.

Ich war zugegebenermaßen etwas neidisch auf die anderen Geflüchteten, die als Asylbewerber gemeldet waren und deren Deutschkurse vom Jobcenter bezahlt wurden. Andererseits wusste ich aber, dass ich als Kriegsflüchtling mit einem begrenzten Aufenthaltsstatus für alles selbst aufkommen muss. Wenn ich die ganzen A1-, A2-, B1- und B2-Kurse zusammenzähle, die ich oder meine Brüder bezahlt haben, um die Sprache zu lernen, kommt eine stattliche Summe zusammen. Vielleicht ist dies aber einer der Gründe dafür, dass wir relativ schnell vorankamen. Vielleicht bringt finanzieller Druck einen dazu, mehr als fünf Wörter pro Tag zu lernen und jede freie Minute mit irgendeiner »Deutsch als Fremdsprache«-App zu verbringen. Auch führt der finanzielle Druck dazu, sich Arbeit zu suchen – und der Kontakt mit Kollegen ist die beste Sprachschule überhaupt.

Ich möchte nicht missverstanden werden: Ich finde es großartig, wie viel Geld der deutsche Staat in die sprachliche Integration der Geflüchteten investiert. Dennoch frage ich mich manchmal, woran es liegt, dass einige Flüchtlinge auch nach ein bis zwei Jahren in Integrations- und Sprachkursen relativ wenig Deutsch können. Sicherlich hat das auch mit der manchmal mangelhaften Qualität der Kurse, den widrigen Lebensumständen der Menschen, ihrer fehlenden Vorbildung und Lernerfahrung oder der unterschiedlichen Verteilung von Talent, Motivation und Leistungsbereitschaft zu tun. Aber es dürfte schon auch daran liegen, dass diese Kurse nur ein Geschenk sind, das keine Gegenleistung verlangt.

Ich frage mich, wie bessere Mechanismen geschaffen werden können, um den Lernenden mehr Eigenverantwortung abzuverlangen. Die Lernmotivation würde wahrscheinlich bereits dann steigen, wenn jeder Teilnehmer eines staatlich bezahlten Deutschkurses zusätzlich verpflichtet wäre, wöchentlich einige Stunden für einen symbolischen Stundenlohn zu arbeiten oder sich ehrenamtlich zu betätigen, um die frisch erworbenen Deutschkenntnisse anzuwenden. Denn nichts ist wichtiger für die Integration als der Kontakt zu anderen Menschen, die die zu erlernende Sprache sprechen.

Ich höre häufig, dass die Araber schnell Deutsch lernen würden. Mag sein. Ich kann nur sagen, was uns Syrern besondere Schwierigkeiten bereitet. Die lateinischen Buchstaben bereiten in der Regel keine Probleme, da die meisten, die eine Schule besuchen konnten, dieses Alphabet aus dem Englisch- oder Französischunterricht kennen. Ich denke, dass es für einen Europäer viel schwieriger ist, unsere Schnörkel zu erlernen.

Woran wir uns ganz neu gewöhnen müssen, ist das Lesen und Schreiben von links nach rechts. Das ist eine echte Umstellung. Als die Kollegen mich das erste Mal ein arabisches Buch lesen sahen, neckten sie mich: »Faisal hält das Buch falsch rum.«

»Nein, ich halte es richtig herum«, neckte ich zurück.

Man muss sich vor Augen halten, was das menschliche Gehirn leisten muss, um diesen Richtungswechsel zu bewältigen. Man wird quasi neu programmiert. Wenn ich abends müde und unkonzentriert bin, drehte ich bis vor Kurzem noch manche Wörter um. Aus Seehund wird Hundsee, aus Notfall Fallnot, aus Patientenverfügung Verfügungspatient. In meinen ersten Wochen in Deutschland bereiteten mir die einfachsten Wortzusammensetzungen Schwierigkeiten: Aus

Lehrstuhl wurde Stuhl des Lehrers und aus dem Kopfkissen der Kissenkopf.

Da ich gerade dabei bin, den Führerschein zu machen, danke ich in jeder Fahrstunde dem Schicksal, dass wir in Syrien wenigstens ebenfalls rechts fahren, wie die Deutschen.

Genauso wie die Straßen hier reich an Schildern sind, ist die deutsche Sprache reich an Regeln, das hilft beim Lernen sehr. Allerdings entziehen sich die Substantive mit ihren Artikeln häufig der Logik. Warum heißt es *der* Verkehr, aber *die* Heimkehr, *der* Tisch, aber *die* Quiche, *der* Knast, aber *die* Rast? Und warum werden Adjektive und Adverbien in manchen Sätzen plötzlich groß geschrieben? Sind das dann Substantive?

Die größte Not aber dürfte jedem Ausländer der deutsche Nebensatz bereiten, in dem die wichtigste Information erst zum Schluss kommt: das Verb. Viele Einwanderer, die Deutsch lernen, fragen sich, wie man einen Satz überhaupt verstehen soll, bevor man das Verb gehört hat, denn ohne dieses ergibt ein Satz in den meisten Sprachen wenig Sinn. Hier ein Beispiel:

»Wir würden es sehr begrüßen, wenn jeder Flüchtling nach seiner Ankunft in unserem Lande, um sich optimal zu integrieren, möglichst schnell Deutsch lernte.« Bis man beim Ende angekommen ist, hat man vergessen, wie der Satz begonnen hat. Man könnte natürlich nachfragen: »Können Sie den Satz bitte wiederholen?«, aber das macht die Sache oft nur noch schlimmer: »Ich wollte damit nur sagen, dass wir nicht außer Acht lassen dürfen, wie wichtig es ist, die Sprache der neuen Heimat zu erlernen, auch wenn man als Asylbewerber noch nicht weiß, welchen Status man bekommen wird und welche realistischen Bleibeperspektiven für einen bestehen.«

Das Verb ist im Deutschen anscheinend so stark, dass es über alle Wortarten im Satz regieren will. Alle sollen nach seiner Pfeife tanzen. Und wie ein König kann es sich leisten, ganz am Ende zu erscheinen – die anderen werden schon warten.

Allerdings scheint es seine Vormachtstellung allmählich zu verlieren, denn immer häufiger höre und lese ich Texte, in denen das Verb nicht mehr an seinem vorgesehenen Platz steht. Dasselbe gilt für den Genitiv, den ich liebe, der aber offenbar vom Aussterben bedroht ist. Wenn ich eine Talkshow sehe, achte ich manchmal mehr auf die Grammatik als auf die Diskussion: Warum hat der oder die jetzt den Dativ anstelle des Genitivs benutzt, frage ich mich dann. Dasselbe gilt für meine Steckenpferde Konjunktiv 2 und Futur 2.

Ich bin richtig froh, wenn ich in einem modernen Song eine schöne Formulierung höre, wie zum Beispiel »Ich hab dich zu vergessen vergessen«.

Vielleicht genieße ich es deswegen, Menschen zuzuhören, die ein gepflegtes, fast altertümliches Deutsch sprechen. Wenn ich eine Zeitmaschine hätte, wäre ich gern in das Deutschland der 1950er- oder 1960er-Jahre geflüchtet, um mit einem damaligen Beamten in Kontakt zu treten oder die Studentenbewegung mitzuerleben. Nach den Aufnahmen aus dieser Zeit zu schließen, war das eine sehr spannende politische Epoche, in der ein herrliches Deutsch gesprochen wurde, mit vielen Nebensätzen, Konjunktiven und Genitiven. Gern sehe ich Filmaufnahmen ehemaliger Bundestagsdebatten, in denen zum Beispiel politische Größen wie Herbert Wehner und Franz-Josef Strauß ihre Wortgefechte führten. Gäbe es eine Integrationspille, die wir Einwanderer schlucken sollten, dann sollte sie auf jeden Fall den Genitiv und den Konjunktiv 2 enthalten.

Weniger Spaß bereiteten mir dagegen die offiziellen Schreiben, die über mein Leben in der neuen Heimat entschieden. In denen wimmelte es vor Wörtern, die einer ganz anderen Sprache anzugehören schienen, wie Ausländerbehörde, Anhörung, Aufenthaltsbestimmungsrecht, Bescheid, Bundesamt für Migration, Berufsanerkennung, Duldung, Integrationskurs, Familienzusammenführung, Flüchtlingsstatus, subsidiärer Schutz etc.

Nach drei Jahren in Deutschland sind mir viele dieser Begriffe vertraut – aber es kommen täglich neue Fachbegriffe und Abkürzungen dazu. Wenn ich viel Zeit hätte, würde ich ein Lexikon der Abkürzungen verfassen, denn die deutsche Sprache ist eine wahre Fundgrube: AZR – Ausländerzentralregister, BAMF – Bundesamt für Migration und Flüchtlinge, ZAB – Zentrale Ausländerbehörde, ELSTER – Elektronische Steuererklärung etc. Der Trend, für fast alles Abkürzungen zu bilden, ist faszinierend und in allen Bereichen präsent, auch bei uns im Krankenhaus. Je nach Arbeitsbereich bildet sich eine Art Geheimsprache, die man immer weiterentwickeln kann. In dieser Hinsicht ist Deutsch sehr kreativ.

Wenn ich einen Behördenbrief erhalte, fühle ich mich bis heute klein – so als beträte ich eine sehr hohe Kirche oder eine riesige Moschee. Ich empfinde eine Mischung aus Ehrfurcht und ängstlicher Unsicherheit. Es liegt nicht nur am Amtsdeutsch, das mich als Migranten noch mehr verunsichert als einen Muttersprachler. Es ist vielmehr die Erinnerung an meine persönlichen Kontakte mit den syrischen Behörden. So war die Sprache des Militärs der alawitische Dialekt. Wenn man diesen hörte, bekam man spontan Angst – es war der Dialekt der Macht.

Als ich vor drei Jahren zum ersten Mal deutschen Boden betrat, stellte ich erstaunt fest, dass Grenzbeamte lächeln können und dass man seinen Pass schon nach zwei Minuten zurückbekam. Weitere positive Erfahrungen folgten: dass deutsche Behördenmitarbeiter in ihrer Arbeitszeit nicht Karten spielen und dabei behaupten, sie seien gerade sehr beschäftigt. Dass die Ämter telefonische Sprechzeiten haben und man, ruft man dort an, einen Termin bekommt, der tatsächlich eingehalten wird. Sogar Mails werden beantwortet. Hamburger, die schon vor längerer Zeit eingewandert sind, sagen, dass die Hansestadt heute viel offener und kundenfreundlicher sei als vor zwanzig oder dreißig Jahren. Ich hoffe sehr, dass das weiterhin so bleibt.

Das Ziehen einer Wartenummer in einem Amt ist ebenfalls eine gute Erfindung; nicht umsonst hat sogar die Deutsche Bahn diese Praxis übernommen. In Syrien dagegen sah man immer Trauben von wartenden Menschen vor den Eingängen der Behörden, denn ist man weggegangen, war der Platz vergangen.

In Syrien bekam man auf einem Amt grundsätzlich zu hören: »Ich bin nicht dafür zuständig, frag im nächsten Zimmer.« Gemeint war eigentlich: »Ich habe keine Lust, meine Arbeit zu tun.« Hier bekommt man gesagt: »Wenden Sie sich bitte an Zimmer 111.« Die Angestellten scheinen tatsächlich darauf vorbereitet, dass Besucher kommen und etwas von ihnen wollen. Und egal, welches Anliegen man hat, die zuständige Mitarbeiterin zieht sofort das passende Formular aus der Schublade: »Füllen Sie bitte diesen Vordruck aus, und wenn Sie damit fertig sind, diesen.«

In Deutschland scheint man eben an alles zu denken. Es gibt wahrscheinlich kein Anliegen, für das es kein Formular gibt. Den deutschen Spruch »Von der Wiege bis zur Bahre – Formulare, Formulare« habe ich sehr schnell verstanden.

Viele Deutsche beschweren sich, dass die deutschen Behörden übergenau seien. Ich habe natürlich auch meine Erfahrungen mit Sachbearbeiterinnen, die aus nicht immer nachvollziehbaren Gründen auf das bestehende Recht pochen. Besonders heikel scheint das Thema Begleitung und Dolmetscher zu sein: Wer darf wen mitbringen, und wie viele Helfer dürfen es sein? Dass bei einem wichtigen Termin in einer Behörde eine Begleitung vorteilhaft sein kann, habe ich schon häufig erlebt. Und es ist bitter, wenn ein sturer Angestellter einen wieder wegschickt, weil der mitgebrachte Helfer kein Dolmetscherdiplom vorweisen kann – ohne zu überprüfen, ob er nicht trotzdem hilfreich sein könnte.

Dennoch: Trotz manch bitterer Pille ist man als Bürger keineswegs der Willkür der Beamten ausgesetzt. Im Notfall hilft immer die Frage: Kann ich bitte mit Ihrem Vorgesetzten sprechen? Oder man legt die Visitenkarte eines Rechtsanwalts auf den Tisch.

Was viel mehr wiegt als jede Unflexibilität, ist die Unbestechlichkeit der hiesigen Behörden. Noch nie hat mir jemand zu verstehen gegeben, dass ein diskret überreichter Geldschein bei der Lösung eines Problems hilfreich sein könnte. Auch habe ich weder in Hamburg noch in Berlin neben den Ämtern jene unscheinbaren Baracken entdeckt, in denen sogenannte Vermittler warten. In Syrien konnte man mit ihrer Hilfe gegen eine bestimmte »Gebühr« die nötigen Unterlagen aus der entsprechenden Behörde erhalten.

Natürlich arbeiten hierzulande auch nur Menschen, und die Gesetze werden von irdischen Sachbearbeitern interpretiert, die manchmal einen schlechten Tag haben. Aber solange ich überhaupt mit einem Menschen sprechen kann, statt mit einem automatisierten Anrufsystem, bin ich froh.

Deshalb habe ich es mir auch abgewöhnt, in Panik zu geraten, wenn ich ein Schreiben bekomme, das mit dem Satz beginnt: »Wir bedauern, Ihnen mitteilen zu müssen, dass …«

Ich habe mir antrainiert, nach dem Betreff sofort zum rettenden letzten Absatz zu springen: »Gegen diesen Bescheid kann binnen 4 Wochen Widerspruch eingelegt werden.«

Bis jetzt habe ich nie Widerspruch einlegen müssen, aber das Wissen um dieses Recht freut mich. Die Chancen, in Deutschland Recht zu bekommen, sind weitaus größer als in Syrien.

11. Händeschütteln in der Sauna

Ich war zum Brunch eingeladen, bei Freunden meiner Gasteltern. Ich machte mich zeitig auf den Weg, denn ich hasse es, zu spät zu kommen. Beim Verlassen des Hauses traf ich meinen Nachbarn und Kollegen. Natürlich hielt ich an, um mit ihm zu plaudern, ich hätte nie zu ihm gesagt: »Du, ich kann gerade nicht, ich habe es eilig.« Also waren wir bestimmt fünf Minuten in ein Gespräch vertieft, sodass ich meinen Bus verpasste. Als der nächste Bus am U-Bahnhof ankam, rief ein Freund aus Aleppo an, der sich sonst nie meldet. Während ich die ganzen aufwühlenden Neuigkeiten erfuhr, fuhr meine Bahn weg. Als ich schließlich vor der Tür der Gastgeber stand, mit 20 Minuten Verspätung, überlegte ich, was ich jetzt sagen sollte. Die Wahrheit? Oder eine Notlüge?

»Schön, dass du da bist, Faisal«, sagten die Gastgeber. »Wir haben uns schon Sorgen gemacht.«

»Tut mir furchtbar leid«, antwortete ich, »aber ich habe die U-Bahn verpasst.« Natürlich hatten alle Verständnis. Ich hätte auch »Signalstörung« oder »Baustelle« sagen können, das versteht in Hamburg jeder.

Warum habe ich mich nicht getraut, die ganze Wahrheit zu sagen, frage ich mich. Obwohl ich noch nicht so lange in Deutschland lebte, spürte ich, dass es keine gute Ausrede war, mit einem Nachbarn geplaudert zu haben. In Syrien hätte ich einfach gesagt: »Entschuldigt, aber ich habe Ismail getroffen.« Oder: »Abu Hassan kam unerwartet vorbei.«

Daraufhin würden die Gastgeber in Syrien neugierig fragen: »Ach, und wie geht es ihm?«

Das ist normal und wird von allen akzeptiert. Es wäre sogar möglich, dass der Freund mitkommt oder ich sogar völlig umdisponiere und den Tag spontan mit ihm verbringe. Bei uns war es gang und gäbe, dass man auf dem Weg zu einer Verabredung jemanden traf und in etwa folgendes Gespräch führte: »Wie geht es dir, mein Freund, wie geht es deiner Familie?« Je nachdem, wie eng man miteinander verwandt oder beruflich verbunden war, musste man sich Zeit für eine Unterhaltung nehmen. Das war eine Sache der Prioritäten, und jeder hatte Verständnis dafür. Auf Verwandte, Nachbarn und Kollegen musste man sich verlassen können, also waren diese Beziehungen sehr wichtig.

Vielleicht sind syrische Einladungen deswegen auch weniger exakt formuliert als deutsche. Man sagte nicht: »Kommt bitte um 19 Uhr«, sondern »Kommt nach *Salaat al Maghreb*«, also nach dem Abendgebet, oder einfach: »Kommt abends mal vorbei.« Auf die Pünktlichkeit der Busse war sowieso kein Verlass.

Dass man aufeinander achtgeben musste, merkte man, wenn man in Aleppo mit dem Bus unterwegs war. Egal, wie voll das Fahrzeug war: Mütter, Frauen und ältere oder kranke

Menschen bekamen immer einen Sitz angeboten. Dieses Entgegenkommen scheint in Hamburg oder Berlin nicht so selbstverständlich. Man ärgert sich eher über die Busverspätung als darüber, dass einem kein Platz angeboten wird. Manchmal sind betagte Herren und Damen sogar beleidigt, wenn man für sie aufsteht: »Sehe ich so alt aus?« oder »Ich kann doch stehen«, bekommt man dann gesagt. Deswegen passe ich mittlerweile auf, wem ich meinen Platz anbiete, und freue mich aufrichtig, wenn ein dankbares Lächeln zurückkommt.

Dass die jungen Leute im Bus nicht immer Platz machen, heißt aber noch lange nicht, dass es in Deutschland keine hilfsbereiten Menschen gibt. Im Gegenteil: Es war für mich sehr beeindruckend, zu erleben, wie viele freiwillige Helfer im Sommer und Herbst 2015 zum Hamburger Hauptbahnhof kamen. Monatelang waren wir vor Ort oder über Facebook miteinander verbunden, um zu helfen. Einmal wurde ich von einer sympathischen Deutschen angesprochen, die mit ihrer neunjährigen Tochter gekommen war, um zu helfen. Sie hatte noch keine Erfahrung als Freiwillige, wollte aber für ein, zwei Nächte eine Familie aufnehmen, am liebsten eine alleinstehende Mutter mit Kindern. Ich habe lange herumgefragt und am Ende doch »nur« einen alleinstehenden Vater mit einem Kleinkind finden können; das Kind hatte eingenässt. Sie hat die beiden sofort mit zu sich nach Hause genommen. Seitdem stehen wir in Kontakt und tauschen Infos und Erfahrungen aus.

Ich könnte eine ganze Reihe von Helfern aus meinem Umfeld in Hamburg und Berlin aufzählen, die sich für Geflüchtete engagieren. Diese beeindruckende Hilfsbereitschaft gegenüber Fremden war nicht immer selbstverständlich in Deutschland. Dessen sind sich insbesondere ältere Leute bewusst, das merke ich immer in Gesprächen. Es wirkt so, als ob man heute Angst hat, die Fehler von vor 80 Jahren zu wiederholen. Deutschland scheint sich seiner besonderen historischen Verantwortung zu besinnen, was der Bundesrepublik aber nicht nur Freunde bringt – innen wie außen. Des Danks von uns Geflüchteten und unserer Angehörigen in der Heimat, die oft auf unsere finanzielle Hilfe angewiesen sind, kann dieses neue, humane Deutschland allerdings gewiss sein. Jedoch fehlen uns oft die Worte und die Erfahrung, wie man diesen Dank richtig zum Ausdruck bringt.

Beim Thema Danken bin ich mittlerweile ebenfalls schon ziemlich deutsch. Bereits in meinen ersten Wochen hierzulande fiel mir auf, dass das Danken im täglichen Umgang unglaublich wichtig ist. Ich meine nicht nur das eifrige »Danke schön – bitte schön« in den Bäckereien oder Supermärkten. Das kenne ich auch von den Märkten in Syrien: Man ist als guter Kaufmann sehr darum bemüht, dass der Käufer wiederkommt. Neu für mich ist die Erwartung eines ausdrücklichen Danks, wenn man etwas Gutes getan hat. So zum Beispiel die Erwartung, dass ein Geschenk sofort ausgepackt wird und ich mich beim Schenkenden bedanke. Wenn ein Gastgeber es im Trubel des Festes nicht geschafft hat, alle Geschenke sofort auszupacken und zu würdigen, muss er danach anrufen oder besser noch eine Karte schicken. Das ist eigentlich ein schöner Brauch – ich habe mich auch gefreut, als die befreundete Familie, bei der ich mich verspätet hatte, mir anschließend eine Mail schickte, in der sich die Gastgeberin für meine syrischen Süßigkeiten bedankte.

Ich freue mich, wenn ich anderen eine Freude machen kann, und bin trotzdem gespalten. Denn für mich als Muslim, der jedes Jahr den Fastenmonat Ramadan begeht, sollte das Spenden und Schenken eine Selbstverständlichkeit sein, für die man keinen ausdrücklichen Dank erwartet. Eine arabische Weisheit besagt: »Der beste unter den Menschen ist derjenige, der seinen Mitmenschen stets nützlich ist.« Und man soll beim Spenden möglichst unerkannt bleiben. Jahr für Jahr habe ich zu Hause erlebt, wie meine Eltern – obwohl sie nicht viel hatten – eine bestimmte Summe für Spenden bereithielten, die mein Vater bei Einbruch der Dunkelheit zu einem bedürftigen Nachbarn oder einer Witwe mit vielen Kindern brachte. Auch unsere kinderreiche Familie bekam zu Ramadan regelmäßig Speisen oder Geld, ohne dass wir Kinder immer wussten, wer uns beschenkte. Das Prinzip »Tue Gutes und rede darüber« ist uns also eher fremd.

Eine Ausnahme ist nur der Brauch, bei Hochzeiten die Namen der Schenkenden und deren Geldsummen laut auszurufen. Meine Eltern haben allerdings vom beschenkten Brautpaar nie eine Dankeskarte erhalten, wie es hier in Deutschland wohl Sitte wäre. Wahrscheinlich hätten sie sich über eine solche Karte gefreut. Bei 300 bis 400 Gästen ist es allerdings eine ziemliche Aufgabe, alle mit Dankesbriefen zu versehen.

Auch wenn das direkte Danken in Syrien weniger ausgeprägt war – das direkte Schmeicheln, die Lobhudelei, war umso verbreiteter.

»Danke, Faisal«, würde man sagen, wenn ich jemandem geholfen hätte. Und dann bekäme ich zu hören: »Du bist die Krone. Dein Vater kann stolz auf seinen Sohn sein.«

Es war wichtig, dass man sich gegenseitig Wohlwollen und Bewunderung zusicherte. Man lebte immer in der Gemeinschaft und war stark aufeinander angewiesen. Vielleicht ist die Konfliktbereitschaft deswegen im täglichen Umgang bei uns viel weniger ausgeprägt als bei den Deutschen. Man geht einem Streit lieber aus dem Weg, bevor man Gefahr läuft, jemanden zu kränken oder zu beleidigen.

Sogar in der Familie geht man viel vorsichtiger miteinander um. Respekt zu bezeugen ist wichtiger, als die eigene Meinung durchzusetzen. Lieber schweigen und ausweichen als jemanden verletzen.

Diese indirekte Art zu kommunizieren findet sich in allen Lebensbereichen. Wenn beispielsweise mein Mitbewohner angerufen wird, während ich im Zimmer bin und etwas lese oder Musik höre, dann würde ich das als Syrer hinnehmen. Ein Deutscher würde eher fragen: »Kannst du bitte rausgehen?«

Mir gefällt diese Direktheit, auch wenn sie von Ungeübten als Unfreundlichkeit interpretiert wird. Der andere muss meine Meinung aushalten und damit umgehen.

Bemerkenswert ist auch die Direktheit im Umgang mit der Wahrheit. Wenn in Syrien jemand im Krankenhaus gestorben ist, ruft zum Beispiel der Sohn die anderen Geschwister an und sagt: »Oh, Mama ist sehr müde, vielleicht solltet ihr kommen.« Die schreckliche Nachricht wird behutsam und in kleinen Dosen übermittelt.

Wenn hier in Deutschland jemand stirbt, ruft der Angehörige die restliche Familie an und sagt: »Oh, es tut mir so leid, Mama ist gerade gestorben.«

Wenn hier ein Arzt einem Patienten mitteilen möchte, dass er Krebs hat, sagt er zum Beispiel: »Ich muss Ihnen leider mitteilen, dass wir einen Tumor gefunden haben.«

»Kann man den behandeln?«, fragt dann der schockierte Patient.

»Wir werden alles versuchen, aber wir können nichts versprechen.«

Die Ärzte sind zur Wahrheit verpflichtet und muten diese den Patienten unumwunden zu. Ich finde das manchmal etwas grausam. In Syrien würden die Ärzte eher sagen: »Wir haben bei Ihnen etwas gefunden, das aber nicht so schlimm ist.«

»Doktor, werde ich wieder gesund?«

»Aber natürlich, wir werden unser Bestes tun. Deswegen sind Sie doch im Krankenhaus.«

Die volle Wahrheit sagt man meistens nur den Angehörigen. Erst wenn der Erkrankte ausdrücklich danach verlangt, eröffnet man ihm die ganze Tragweite.

Hätte ich eine schlimme Diagnose, würde ich persönlich die deutsche Variante bevorzugen, um zu wissen, ob ich etwas dagegen unternehmen kann. Wenn der Feind bekannt ist, kann man seine Kräfte besser mobilisieren. Und wenn nichts mehr zu machen ist, kann man sich vorbereiten, sich verabschieden, Angelegenheiten regeln und sich letzte Wünsche erfüllen.

Bei einem solchen Aufklärungsgespräch hätte ich am

liebsten einige meiner Geschwister dabei, nicht aber meine Eltern.

Auch beim Thema Verzicht auf lebensverlängernde Maßnahmen kommuniziert man unterschiedlich: Wenn die deutsche Tochter des alten, schwerstkranken Vaters zustimmt, ihn ohne Apparate sterben zu lassen, sagt sie: »Er hat sein Leben gehabt.«

Eine arabische Tochter würde ihr Einverständnis nur auf Umwegen und in verklausulierten Formulierungen geben. Häufig einigt man sich stillschweigend auf Formeln, von denen alle Beteiligten wissen, dass sie nicht der Wahrheit entsprechen.

Im Krankenhausalltag stehe ich oft zwischen diesen zwei Welten. Während die deutschen Patienten eher an der Wahrheit interessiert sind, wollen die arabischen eher hören, dass alles gut wird.

Auch beim Einkaufen sind die Menschen hier direkter. Ging ich in Syrien einkaufen – meist in Tante-Emma-Läden –, sagte ich *As-salāmu ʿalaykum*, »Friede sei mit dir/euch«, und bekam als Antwort das übliche *Wa ʿalaykumu s-salām*, »Friede auch mit dir/euch«. Dann fragte ich den Verkäufer: »Wie geht es?«, und erhielt als Antwort: »Gut, Gott sei Dank.« Eine kleine Unterhaltung gehörte immer dazu. Hier in Deutschland merkte ich schnell, dass Gespräche an der Kasse oder an der Theke, besonders wenn es eine Schlange gibt, nicht gern gesehen sind. Geschweige denn das Verhandeln über den Preis, was ich in Syrien sehr gern tat.

Eine meiner einprägsamsten ersten Einkaufserfahrungen war am Hamburger Hafen. Ich stand auf den Landungsbrücken und wollte mir ein Fischbrötchen kaufen. Wir hatten im Deutschkurs gerade den Konjunktiv 2 behandelt, und ich wollte gern meine Kenntnisse anwenden.

»Moin, moin. Ich hätte gern ein Brötchen mit Matjes.«

Und siehe da – es klappte. Während ich stolz mein Brötchen im Rucksack verstaute, um es später in Ruhe zu essen, hörte ich das ältere Ehepaar, das hinter mir stand, seine Bestellung aufgeben: »Ich krieg' eine Fischfrikadelle«, sagte die Frau.

Ich horchte auf: Um was für einen Krieg ging es hier? Sie bekam ihre Fischfrikadelle freundlich überreicht, die Verkäuferin vom Fischstand schien das nicht weiter zu stören. Oder doch?

Ich zucke immer noch leicht zusammen, wenn die Verkäuferin in der Bäckerei fragt: »Was kann ich für Sie tun?«, und folgende Antwort bekommt: »Ich kriege sechs Scheiben Roggenvollkornbrot.«

Dass man Brot mit einer elektrischen Maschine schneiden kann, war für mich eine ungewöhnliche Entdeckung. Mein Vater wäre von dieser Erfindung total begeistert. Bevor ich nach Deutschland kam, kannte ich nur das arabische Weißbrot – die flachen, großen Fladen, außen knusprig, innen weich. Dieses Brot schnitt man nicht, sondern riss es in Stücke, die man als Löffel benutzte, oder man aß es zusammengerollt mit leckeren Pasten. Bestrichen mit einer Gewürzmischung aus Kräutern und Olivenöl, war das unser Schulfrühstück und auf der Baustelle unsere kleine 10-Uhr-Mahlzeit. Fürs Wochenendfrühstück am Freitag holten wir Kinder immer frisches warmes Fladenbrot, dazu *Hummus,*

Falafel und *Ful* – vom Imbissstand neben der Bäckerei, dem *Fual*.

Als ich in meiner Gastfamilie zum ersten Mal zu Abend aß, fiel mir sofort das andersartige Brot auf. Es lag fein geschnitten in einem Brotkorb auf dem festlich geschmückten Tisch, neben den Tellern mit Oliven, Käse, Gemüsesticks und Dips. Im Zimmer herrschte gedämpftes Licht, und es brannten Kerzen. Vielleicht sah das Brot deswegen so dunkel aus?

Sind sie vielleicht arm, fragte ich mich, und haben kein Geld für frisches Fladenbrot? Oder hatten sie einfach keine Zeit oder Lust, zum Bäcker zu gehen?

Ich aß an diesem ersten Abend sehr viele Oliven, um mich an den ungewohnten, herb-säuerlichen Geschmack des deutschen Brotes zu gewöhnen. Das war es, dachte ich etwas wehmütig, mit meinem geliebten Fladenbrot. Ich würde es nie wieder essen können. Noch wusste ich nicht, welche Auswahl an Brotsorten es in dieser Stadt, in diesem Land gibt.

Es ist dennoch erstaunlich, wie schnell wir Menschen uns an eine andere Umgebung gewöhnen. In der Speisekammer unserer Brüder-WG liegen heute die Packungen mit dem Vollkornbrot neben dem arabischen Fladenbrot, stehen die Konserven mit dem *Hummus* neben den Gläsern mit Roter Grütze. Am Anfang habe ich dieses Wort mit dem ü gehasst – umso mehr liebe ich den Inhalt!

In den ersten Tagen lief ich mit großen Augen durch das Wohnviertel meiner Gasteltern. In der nahe gelegenen Einkaufsstraße zählte ich zwei Supermärkte, einen türkischen Gemüsehändler, eine Fleischerei, einen kleinen Wochenmarkt, zwei Bäckereien und mehrere Cafés. Kein Wunder, dass sich bei dieser beeindruckenden Anzahl an Läden keine Schlangen davor bildeten. In Aleppo erkannte man die meisten Bäckereien von Weitem an den üblichen zwei Schlangen davor: in der einen Reihe die Männer, in der anderen die Frauen. Ich war immer etwas neidisch auf die Frauenschlange, weil sie schneller vorankam, denn sie hatten stets Vorrang. Ich war froh, wenn ich eine unserer Nachbarinnen dort entdeckte, bevor ich mich anstellte. Sie bot meistens an, dass sie das Brot für mich kaufte, damit ich nicht so lange anstehen musste. Meine Mutter hat das auch oft für die Nachbarskinder getan. Keiner regte sich darüber auf.

Auch die getrennten Warteschlangen schienen keinen zu stören. Sogar an der Uni gab es manchmal zwei Schlangen. Es klingt vielleicht ein bisschen verrückt: Oft saßen wir, Kommilitoninnen und Kommilitonen, im Uni-Garten oder in der Cafeteria zusammen und plauderten, um kurz danach in getrennten Reihen vor dem Sekretariat anzustehen. Das hat meines Erachtens keinen gestört. Man unterhielt sich meistens mit der jeweiligen anderen Schlange, die ja nur einen halben Meter daneben stand. Das waren oft lustige Schlangengespräche.

Das geschlechtergemischte Anstehen kennt man zwar auch in Aleppo und anderen syrischen Städten. Trotzdem denke ich, dass manche Syrer, besonders die Frauen, sich beim getrennten Anstehen wohler fühlen und dass es dauern kann, bis sie sich an das »westliche« Schlangestehen gewöhnen.

Ich weiß, dass es für europäische Ohren seltsam klingt – aber für viele von uns war die Geschlechtertrennung völlig normal. Es war nichts Außergewöhnliches, wenn ich in der Männerschlange wartete, während meine Schwestern mit den Frauen daneben warteten. Ich denke sogar gern an diese Wartezeiten zurück, egal ob in verschiedenen Schlangen oder nicht, denn man nutzte sie, um mit Bekannten zu plaudern, Neuigkeiten aus der Nachbarschaft zu erfahren – oder über die Zerstörungen der letzten Nacht zu sprechen.

Im medizinischen Bereich war die Geschlechtertrennung nach meiner Erfahrung weniger ausgeprägt. Ich habe sowohl weibliche als auch männliche Patienten behandelt. Es kam jedoch vor, dass eine Patientin sagte, sie wolle sich nur von einer Frau behandeln lassen. Das war ganz selbstverständlich für mich. Genauso selbstverständlich ist es für mich, an der Supermarktkasse anzustehen, zusammen mit anderen Männern und Frauen. Manchmal freue ich mich sogar, wenn sich eine längere Schlange bildet und sich kleine Gespräche entwickeln. Das ist für mich ein Stück Zuhause.

Ich kann nicht behaupten, dass ich die geordnete, nach Geschlechtern getrennte Welt sehr vermisse. Ein bisschen davon erlebe ich, wenn ich in eine Moschee in Hamburg gehe, wo ich zusammen mit den Männern bete, während die Frauen ihre eigenen Gebetsräume haben. Um danach dann im moschee-eigenen Supermarkt einzukaufen – wo Frauen mit und ohne Kopftuch zusammen mit Männern mit und ohne Bart an einer Kasse anstehen.

Das Faszinierende an einer Metropole wie Hamburg ist, dass hier die unterschiedlichsten Welten nebeneinander existieren. Das merkt man besonders gut an den Treppenhäusern der Mehrfamilienhäuser. In unserem mehrstöckigen Haus, das in einem eher bürgerlichen Stadtteil liegt, hat der Hausmeister selten etwas zu meckern. Auf den Fußmatten vor den Wohnungstüren stapeln sich keine Schuhe, an den Wänden lehnt kein aussortierter Hausrat. Zum Glück hat unsere Wohnung einen breiten Flur, sodass wir genügend Platz für unsere Schuhe haben. Als die Verlobte meines Bruders zum ersten Mal zu Besuch kam, staunte sie sehr: »Mann, ist es bei euch sauber. Habt ihr eine Putzfrau?«

Der Vorteil am totalen Schuhverbot in der Wohnung ist, dass sogar ein weißer Teppich eine Überlebenschance hat. Nackte Parkettböden im Wohnzimmer oder im Schlafzimmer sind für uns Syrer nämlich der Inbegriff der Ungemütlichkeit, da wir es gewohnt sind, einen Großteil des Tages auf dem Boden zu verbringen. Unser Esstisch in Aleppo war ein großes, auf dem Boden liegendes Tuch, auf dem die Töpfe und die Teller angerichtet wurden, Sitzkissen waren unsere Stühle. Im Sommer saßen wir im Innenhof – unter freiem Himmel – auf den farbenfrohen, handgeflochtenen Plastikteppichen, im Winter in der Stube mit dem Ofen auf den gewebten aus Wolle.

Es kostet mich bis heute einige Überwindung, eine Wohnung mit Schuhen zu betreten, auch wenn die Gastgeber ausdrücklich darum bitten. Ich respektiere natürlich deren Wunsch. Aber auch wenn eine wilde Party gefeiert wird, am liebsten würde ich mir Filzpantoffeln über die Schuhsohlen ziehen – aus Respekt vor dem fremden Haus.

Wenn man die Schuhe an der Türschwelle auszieht, lässt man nicht nur den Staub der Straße draußen, sondern auch ein Stück Außenwelt. Auf Socken schont man nicht nur die

Teppiche, sondern bezeugt auch die Bereitschaft zur inneren Reinigung und zur Demut vor dem Schöpfer.

Es gibt Treppenhäuser in Hamburg, in denen ganze Berge von Schuhen vor den Wohnungstüren stehen, besonders wenn man während des Ramadans besucht wird.

In den deutschen Hausordnungen ist das nicht vorgesehen und sorgt regelmäßig für Konflikte mit der Verwaltung. Auch in Flüchtlingsunterkünften dürfte es ein regelmäßiges Diskussionsthema sein. Brandschutzbestimmungen stehen über religiös und kulturell bedingten Gewohnheiten.

Es ist eigentlich bewundernswert, dass die deutschen Vermieter so viel Wert auf die Sicherheit ihrer Mieter legen. Das spricht für die Wertschätzung des einzelnen Lebens – und für die Strenge der Brandschutzverordnungen und der Versicherungsbedingungen. Vielleicht gibt es dennoch einen Weg, den Sicherheitsanforderungen der Feuerwehr und dem Reinheitsbedürfnis der muslimischen Hausbewohner gleichzeitig gerecht zu werden? Wie wäre es mit feuerfesten Schuhregalen, die man an der Wand befestigt? Das würde nicht nur Platz vor der Wohnungstür und Ordnung schaffen, sondern vielleicht auch ein neues, deutsch-arabisches Möbelpatent ins Leben rufen.

Sehr gern würde ich das Wort »basteln« ins Arabische einführen – insbesondere zu Ehren meiner Schwestern, die sehr gern mit ihren Händen Dinge nähten, verzierten, verwandelten. Neulich war unsere Abteilung zum ersten Advent bei einer Kollegin eingeladen, die gerade frisch nach Hamburg gezogen war. Es war eine sehr schöne Wohnung, gemütlich und einladend, nicht teuer eingerichtet, aber mit vielen liebevollen Accessoires, zum Teil selbst gebastelt oder arrangiert. Bis dahin hatte ich das hiesige Basteln mit männlichem Hochmut belächelt. Aber plötzlich erinnerte ich mich an das Basteln meiner eigenen Schwestern. Es diente meistens der Verzierung und Verschönerung unseres Alltags: eine selbst genähte Blume auf dem Tisch oder dem Kopftuch oder gemalte Ornamente zur Veredelung der sehr einfachen Vorhänge.

Das Basteln in Deutschland wird eher mit Kindern in Verbindung gebracht. Mein jüngster Bruder hat ein Praktikum in einem Hamburger Kindergarten gemacht, und nach einer Woche war er völlig fertig: »Oh Mann, ich kann nicht mehr, ich muss den ganzen Tag basteln!«

Ich kenne mich damit nicht aus, was alles gebastelt werden kann, aber es ist sicher eine gute Beschäftigung für die dunklen, langen Winternachmittage, in denen die Väter bei der Arbeit sind und die Mütter allein mit ihren Kindern.

Bestimmt wäre das Herstellen von schönen und nützlichen Dingen auch eine gute Beschäftigung für die langen Tage des Ramadans, insbesondere in den kinderreichen Familien. Einer kocht, die anderen arbeiten kreativ mit den Händen und backen anschließend Kekse – auch die Jungs. Das wäre meine Vision. Zum Zuckerfest macht man sich traditionell viele Geschenke. Wenn man etwas Selbstgebasteltes, -genähtes oder -eingekochtes herstellt, um es zu verschenken, hat man zwei Fliegen mit einer Klappe geschlagen.

Auch das Wort Gemütlichkeit existiert im Arabischen nicht. Ich stelle mir darunter vor, dass man etwas für das Gemüt, für die Seele tut. Als Syrer verbinde ich damit in erster Linie die Familie: zusammen sein, am Abend lange miteinander reden, meine Eltern sind auch dabei, vielleicht sogar mein Großvater, wir knacken gemeinsam Kürbis- oder Sonnenblumenkerne und trinken Chai. Morgens auf der Dachterrasse aufwachen, geweckt vom Duft des frisch gemahlenen Kaffees und des blühenden Jasmins.

Im August war ich auf Einladung von Freunden mit meinen Gasteltern in Finnland. Als wir ankamen, regnete es, und der kleine Ort, den wir besuchten, hatte etwas Weihnachtliches – schon am Nachmittag leuchteten in allen Fenstern Kerzen und Teelichter, und in vielen Vorgärten gab es Lampions oder Laternen. Am Samstag aber schien die Sonne, und unsere Gastgeber gaben ein Frühstück für die Nachbarn – einmal im Jahr sei das Tradition, erklärten sie uns, und wir hatten ausgerechnet diesen Samstag erwischt.

Als wir an der langen Tafel mit der weißen Tischdecke im Garten saßen und uns in einer lustigen Mischung aus Deutsch und Englisch unterhielten, fiel einer Nachbarin ein, dass sie eine syrische Familie kennt. In der Klasse ihrer Tochter gebe es zwei syrische Kinder, Junge und Mädchen. Ich war natürlich sehr neugierig. Die Nachbarstochter, etwa zehn Jahre alt, holte schnell die Klassentelefonliste aus dem Haus, es wurde auf Finnisch telefoniert, und eine halbe Stunde später fuhr ein alter Volvo vor. Eine fünfköpfige Familie stieg aus, die Erwachsenen winkten. Die Frau trug ein blaues Kopftuch und eine halblange Sommerbluse über der hellen Hose, der Mann ein blau gestreiftes Hemd und Jeans – und in der Hand eine Schüssel mit etwas Selbstgemachtem. Die drei Kinder gaben mir die Hand, sagten ihre Namen und verschwanden mit den anderen zu den Kaninchen im Nachbargarten.

Die syrischen Eltern kamen auf mich zu, und automatisch streckte ich dem Mann meine Hand entgegen, der sie fest drückte. Als die Frau vor mir stand, behielt ich meine Hand vor der Brust, wir nickten einander zu und lächelten. Sie sagte ein paar warme Worte in Homser Dialekt zu mir, ich sagte, dass ich ein bisschen Sonne aus Hamburg mitgebracht hätte, wir lachten. Für uns war es ein Automatismus, dass wir uns nicht mit Handschlag begrüßten, trotzdem war es eine herzliche Unterhaltung. Anschließend gab die syrische Frau allen anderen Anwesenden die Hand, auch den anderen Männern.

Später fragten mich meine Gasteltern: »Sag mal, Faisal, wieso hast du deiner Landsfrau nicht die Hand gegeben? Sie hat doch alle anderen mit Handschlag begrüßt.«

»Wieso ich? Wir haben uns doch beide gleichzeitig nicht die Hand gegeben.«

»Aber fühltest du dich nicht übergangen?«

»Im Gegenteil«, lachte ich. »Ich fühlte mich von ihr besonders hervorgehoben. Das ist wie eine Art Geheimsprache. Wir haben uns, auf unsere syrische Art und Weise, Respekt gezollt.«

Das ist für Menschen, die hier in Europa sozialisiert sind, nicht einfach zu verstehen, das erfahre ich immer wieder. Als ich noch im Altersheim arbeitete, fragte mich einmal unser Schichtleiter: »Soll ich nun einer Frau mit Kopftuch die Hand geben oder nicht?«

Ich seufzte innerlich, denn diese Frage hatte ich schon so oft gehört.

»Das kann ich dir nicht pauschal beantworten. Warte einfach ab: Wenn sie die Hand ausstreckt, dann gib ihr die Hand, wenn nicht, dann lass es.«

»Aber wenn ich mich bei ihr vorstelle und sie einarbeiten muss, darf ich doch erwarten, dass sie mir die Hand gibt? Wie will sie später die alten Männer pflegen?«

Ich habe versucht, ihm zu erklären, dass das zwei verschiedene Dinge sind, einen Menschen zu begrüßen und einen Kranken oder Hilfsbedürftigen zu pflegen. Da ich aber nicht weiterkam, stellte ich ihm eine Gegenfrage: »Und warum musst du ihr die Hand geben? Was möchtest du damit ausdrücken?«

»Na ja, wir geben uns die Hand, um zu zeigen, dass wir von gleich zu gleich reden wollen.«

»Aber seid ihr wirklich gleich, wenn du der Dienstältere bist? Außerdem, du bist ein Mann und sie eine Frau. Wollt ihr immer das Gleiche?«

Langsam wurde mein Schichtleiter ungeduldig: »Was weiß ich? Ich gebe ihr die Hand, um zu zeigen, dass sie keine Angst vor mir haben soll, weder als Chef noch als Mann. Es hat was mit Vertrauen zu tun.«

»Schon mal was von sexueller Belästigung am Arbeitsplatz gehört?«, fragte ich ironisch. »Es haben bestimmt schon viele Chefs beim Erstgespräch den Frauen die Hand gegeben. Um sie ein paar Wochen später gegen die Wand zu drücken.«

Da fing mein Schichtleiter plötzlich laut zu lachen an: »Es reicht, Faisal. Bist du jetzt auch noch Feminist? Wo kommen wir denn hin, wenn wir Männer schon wegen eines Handschlags Angst haben müssen, als Sexisten beschuldigt zu werden? Da kann unsere westliche Zivilisation gleich einpacken.«

Da musste ich mitlachen. Gott sei Dank haben wir die Kurve gekriegt, bevor es zu einem echten Streit kam. Es gibt offenbar Themen, bei denen eine Einigung schwer ist. Und beim nächsten Mal, sagte ich ihm noch, soll er sich bitte direkt an eine Kollegin mit Kopftuch wenden.

Später fiel mir aber doch noch etwas ein, was ich meinem Schichtleiter hätte erzählen können: Ich erinnerte mich an den Abend, als meine muslimische Freundin bei mir und meiner Hamburger Gastfamilie zu Besuch war. Auch deren Tochter und der Nachbar der Familie waren anwesend. Meine Freundin, eine Kopftuchträgerin, gab den Frauen die Hand, aber mir, dem Nachbarn und dem Kanadier nicht. Unser Nachbar fand das befremdlich, für den Kanadier schien es jedoch kein Problem zu sein. War er nur ein besonders netter Mensch, oder hatte er mehr Erfahrung damit, wie eine Einwanderungsgesellschaft funktioniert? Dass man sich in seinen Unterschieden gegenseitig toleriert und respektiert? Später erzählte er mir lächelnd, dass er solche Situationen aus Kanada kennt.

Das erinnerte mich an die Worte eines pakistanisch-kanadischen Freundes, den ich in meinem Deutschkurs kennengelernt hatte und der wegen der Liebe nach Deutschland gekommen war. »Warum bist du nicht nach Kanada gegangen?«, fragte er mich, »dort sind die Leute lockerer und reagieren nach dem Motto: Leben und leben lassen.«

»Ach, ich komme in Deutschland ganz gut zurecht. Europäer sind uns Arabern ähnlicher als die Amerikaner. Und wer weiß schon, was für versteckte Macken die Kanadier haben«, gab ich ihm mit einem Augenzwinkern zur Antwort.

In Deutschland war ich noch nie in einer Sauna. Von Freunden weiß ich, dass es in gemischten Saunen üblich ist, nackt zu sein. Für viele Ausländer wie Russen, Finnen und Amerikaner ist das unvorstellbar. Vielleicht ist die Sache mit dem Hand-geben-Müssen ein bisschen ähnlich. Irgendwann gewöhnt man sich dran, oder auch nicht.

12. Loriot für Araber

An einem kalten Herbsttag klingelte ich an der Tür einer Familie in einem sehr grünen Stadtteil Berlins. Ich sollte im Garten aushelfen, gegen Bezahlung. Ich wusste, dass es sich um ein größeres Grundstück handelte und dass ich vor allem das Laub zusammenharken und in einer sogenannten Biotonne entsorgen sollte. Wahrscheinlich würde ich die Familie mehrmals besuchen müssen, bis ich mit dem riesigen Garten fertig wäre. Ich freute mich darauf, weil ich darin eine Möglichkeit sah, neben dem Sprachkurs etwas Geld zu verdienen und neue Einblicke in meine neue Heimat zu bekommen. Als ich das Schild an der Gartentür las, war ich überrascht: Es stand ein »von« vor dem Namen. Diese Präposition hatten wir doch gerade im Sprachkurs durchgenommen. Bedeutete das nicht, dass es sich um Adlige handelte? Wie unsere Grundbesitzer aus osmanischen oder französischen Zeiten den Titel *Agha* oder *Beg* trugen?

Der Vermittler des Minijobs, ein deutsch-arabischer Freund, hatte mich gewarnt, dass diese Familie typisch deutsch sei. Ich müsse immer pünktlich erscheinen und zuverlässig sein, aber ich würde viel zu lachen haben. Das machte mich sehr neugierig. Würden diese Menschen nun sehr ernst oder sehr lustig sein?

Die Hausbesitzer waren schon älter und wirkten beim ersten Kontakt nicht besonders adlig. Während ich meine Gartenarbeit erledigte, merkte ich, dass Familie »von Sowieso« eher ernst als lustig war. Lag es nur daran, dass ich wenig Deutsch sprach? Trotzdem wirkten sie aufgeschlossen. Frau »von Sowieso« fragte mich, ob meine Mutter in Syrien auch einen Garten habe und ob ich ihr bei der Gartenarbeit geholfen hätte. Sie meinte, ich könne es ziemlich gut. Leider konnte ich ihr nicht erklären, dass unser Garten eher winzig war, weil ich mich damals in der deutschen Sprache noch nicht sicher fühlte.

Liebend gern hätte ich einen Blick in dieses Haus geworfen, das wie ein kleines Schloss aussah. Und siehe da: Die feine Dame fragte, ob ich ihrem Mann helfen könne, ein kleines Möbelstück in den Keller zu tragen. Darauf antwortete ich mit einem Lächeln und sagte meine neue Lieblingsvokabel: »Gern geschehen.«

Jetzt wandte sich der Ehemann an mich: »Herr Hamdo, vielleicht sollten Sie zuerst das kleine Möbelstück abwarten, bevor Sie ›gern geschehen‹ sagen«, und schmunzelte dabei. »Sie können übrigens auch Gerhard zu mir sagen.« Ich verstand ihn nicht genau, meinte aber, Humor aus seinen Worten herauszuhören.

Ich freute mich auf die Wärme in dem großen, überraschend gemütlichen Haus. Während ich die vielen Schubladen aus dem kleinen, aber schweren Schrank herausnahm, erzählte mir die Dame alles Mögliche über alte dänische

Möbel. Dann wuchteten Herr Gerhard und ich das wertvolle Stück in den Keller. Meine kleine Reise innerhalb des Hauses führte an einigen gemalten Porträts vorbei. Viele der Abgebildeten hatten laut meiner Gastgeberin auch ein »von Sowieso« in ihrem Namen. Ich hörte ihr zu und bewunderte dieses fein eingerichtete Haus. Als wir uns zum Kaffeetrinken an den riesigen Esstisch im Wohnzimmer setzten, entdeckte ich weitere Gemälde. Aber etwas fehlte hier: Ich konnte keine christlichen Symbole entdecken. Bei meinen christlichen Freunden in Syrien gab es an den Wänden Darstellungen biblischer Geschichten und Gestalten, hier dagegen nicht. Bei uns in Aleppo hingen übrigens in jedem Haus Bilder mit Suren aus dem Koran.

Ein schief hängendes Bild unterbrach meine Gedanken, und ich fragte, ob ich es gerade richten dürfe. Da lachte Herr Gerhard und sagte: »Oh, das können Sie gerne tun. Aber bitte nicht wie bei Loriot.«

Ich wusste nicht, ob ich das Bild nun richten sollte oder nicht.

»Kennen Sie Loriot?«, fragte er mich.

»Wie bitte?«, fragte ich zurück.

Was war dieses Loriot? Ein Verb, ein Gegenstand, oder hieß das schiefe Bild einfach so?

»Ach, Gerhard, woher soll der junge Mann denn Loriot kennen?«, sagte Frau »von Sowieso«.

»Ja, ja, hätte ja sein können«, brummte ihr Ehemann.

Das Ehepaar vergaß mich und diskutierte, ob oder warum ich Loriot nicht kennen könne. Während dieser amüsanten Auseinandersetzung musste ich komischerweise an meine

Eltern denken, die manchmal ähnliche Gespräche führten. Diese endeten ebenfalls oft mit einem gewissen »Ja, ja«, wenn einer der beiden aufgab.

Seltsam. Dieses gebildete Ehepaar stammte aus einer guten deutschen Familie und besaß ein vornehmes Heim. Und ich, der arabische Neuankömmling aus bescheidenen Verhältnissen, wagte es, Familie »von Sowieso« mit meinen Eltern zu vergleichen. Eigentlich total abwegig, und doch schienen sie etwas gemeinsam zu haben – und zwar den Humor als Ehepaar. Irgendwann später, als ich imstande war, kluge Sätze auf Deutsch zu verstehen, entdeckte ich das Zitat des Dichters Eduard Mörike: »Wer keinen Humor hat, sollte eigentlich nicht heiraten.« Das galt offenbar nicht nur für Syrien, sondern auch für Deutschland.

Danach gab sich das Ehepaar große Mühe, mich über Loriots Werk und insbesondere über seinen Sketch »Das schiefe Bild« aufzuklären. Plötzlich war meine restliche Gartenarbeit vergessen.

Die Ehefrau kniete vor dem großen Bücherregal und begann nach etwas zu suchen, bis sie eine Loriot-DVD herausnahm. Wir sollten zusammen einen Film gucken. Ich war ziemlich aufgeregt. Würde ich überhaupt etwas verstehen, dürfte ich nachfragen, wenn ich etwas nicht verstand? Doch welch angenehme Überraschung! Der Sketch von diesem Loriot war fast wie ein Stummfilm. Und noch besser, dieser deutsche Sketch brachte mich wirklich zum Lachen.

Dank dieser Begegnung lernte ich Bernhard-Viktor Christoph-Carl von Bülow alias Loriot kennen. Und dank des kleinen Wortwechsels zwischen Frau und Herrn »von Sowieso«

durfte ich ein Stück à la Loriot live miterleben. Als ich den beiden zuhörte, wie sie von Loriots Humor schwärmten, hatte ich den Eindruck, dass sie sich selbst für ziemlich humorvoll und witzig hielten.

Später dachte ich darüber nach, warum ich bisher nichts über den deutschen Humor gewusst hatte. In Syrien herrschte die Meinung vor, dass die Deutschen sehr ernst seien und keinen Spaß verstünden. Woher stammte dieser Eindruck?

Das staatliche syrische Fernsehen schaute ich nicht oft. Wenn etwas mein Interesse weckte, waren es vor allem Komödien und Dokumentationen. Ich sah sehr gern die Filme mit Mr. Bean, Laurel and Hardy – die deutsche Bezeichnung »Dick und Doof« finde ich allerdings lustiger – oder Charlie Chaplin. Das waren alles Komiker aus England und den USA, aber nicht aus Deutschland. Aus den Dokumentationen erfuhr man zwar manches über die Geschichte der Deutschen, über ihre tollen Autos und über ihren Fleiß, aber nichts über den deutschen Humor. Dies erweckte den Verdacht, dass in diesem Lande nicht viel gelacht wird.

Seit ich hier lebe, stelle ich überrascht fest, dass die Deutschen gar nicht so ernst sind. Ich höre alle sagen, dass sie Spaß haben wollen: bei der Arbeit, im Urlaub, auf einer Fortbildung oder einer Veranstaltung. Das Wort Spaß ist überall zu hören: lernen mit Spaß, man hat großen Spaß, oder etwas hat richtig Spaß gemacht. Der Slogan meiner ersten Sprachschule, in der ich Deutsch gelernt habe, lautete: Mit Spaß zum Erfolg.

Und offenbar mögen die Menschen hier satirische Sendungen, denn im Fernsehen laufen viele verschiedene Formate. Dank YouTube kann ich alles Mögliche nachholen, was ich von früher nicht kenne. Natürlich habe ich mittlerweile fast alles von Loriot gesehen, aber auch die Werke anderer Komiker wie zum Beispiel von Heinz Erhardt und Dieter Hallervorden. Die Wortverdrehungen von Heinz Erhardt fand ich als Deutschanfänger zum Schreien komisch – sie hörten sich an wie mein eigenes Deutsch. Unfreiwillig rückte ich in die Nähe junger Comedians, von denen manche sogar Migrationshintergrund haben. Politisches Kabarett, wie zum Beispiel den großartigen Volker Pispers, kenne ich aus Syrien überhaupt nicht; ich habe es hier mit großem Vergnügen entdeckt. Was mir am deutschen Kabarett gefällt, ist der schonungslose, selbstkritische schwarze Humor. Es werden auch die westlichen Werte kritisch unter die Lupe genommen, und es darf darüber gelacht werden. Würde es unserer zerstrittenen arabischen Welt nicht auch guttun, mehr über sich selbst zu lachen?

Ja, die Deutschen sind gar nicht so ernst, wie ich dachte. Aber sie nehmen natürlich auch die Sache mit dem Humor und der Satire sehr ernst und betreiben sie gründlich: Es gibt sogar ein Deutsches Institut für Humor.

Loriot hat es mir besonders angetan. Vielleicht, weil ich viele Alltagssituationen erlebe, die mich an seine Stücke denken lassen, obwohl viele schon über dreißig Jahre alt sind. Die Akteure wirken heute zwar altmodisch angezogen, aber die Themen sind immer noch sehr aktuell.

Ich mag Loriot besonders, weil er mir das Gefühl gibt, die Deutschen besser verstehen zu können. So passt sein Zeichentrick-Sketch »Der sprechende Hund« zu dem Kulturschock, den ich erlitt, als ich erstmals bemerkte, dass die Deutschen mit ihren Hunden wie mit Menschen sprechen. Ich hatte auch meine Mutter im Umgang mit unseren Ziegen erlebt oder meine Cousins mit ihren Dorfhunden – aber keiner redete mit den Haustieren wie mit echten Menschen.

Auf den ersten Blick wirken Loriots Sketche ganz unpolitisch – aber das sind sie nicht. So lernte ich aus dem Stück »Garderobe« nicht nur, was deutsche Gattinnen ins Konzert anziehen (oder anzogen), sondern auch, dass die Menschen hier ihre Meinungsverschiedenheiten offen austragen und sich ganz nebenbei auch über regierende Politiker lustig machen dürfen. Und das im öffentlich-rechtlichen Fernsehen.

In meinem Syrien durfte im Staatsfernsehen auch gelacht werden. Man konnte theoretisch über alles Witze machen – aber eben nur theoretisch. Ausgenommen waren zum Beispiel unsere drei Hauptreligionen. Es war ein gesellschaftliches Tabu, den christlichen, muslimischen oder jüdischen Glauben ins Lächerliche zu ziehen, und alle hielten sich daran. Wäre ich Komiker, wäre ich mit meinem Spott über Religionen auch sehr vorsichtig, weil das viele Gläubige und ihre Werte verletzt. Ich würde mich eher den Politikern und ihren Machenschaften widmen. Den Humor würde ich eher als Mittel nutzen, eine Brücke zwischen den Religionen zu bauen. Warum nicht den interreligiösen Witz ausbauen und beispielsweise die Würdenträger unserer drei Hauptreligionen etwas mehr ins Gebet nehmen, nach dem Motto: Treffen sich ein Rabbi, ein Imam und ein Priester, um zusammen zu beten …

Es ist aber nicht so, dass man über Gläubige gar keine Witze machte. Witze über den geizigen Imam, der die Großzügigkeit predigt, aber gern seine eigene Armensteuer vergisst, gab es durchaus. Und im arabischen Fernsehen laufen bis heute jede Menge Sketche über die Terrororganisation *Daesch*, den IS, die auch von sehr gläubigen Muslimen belächelt wird. Eines der beliebtesten Themen ist die Mär von den 72 Jungfrauen, die angeblich im Paradies auf die Märtyrer warten. Aber auch das fromme Barttragen ist Zielscheibe des Spotts. Diese Sketche speisen sich meist aus der absurden Realität. Mein Cousin zum Beispiel, der lange in einem IS-besetzten Dorf leben musste, hatte nie im Leben Vollbart tragen wollen, ihm reichte der Schnurrbart. Dazu kam, dass der Vollbart bei ihm starken Juckreiz verursachte. Das Blöde war nur, dass er ohne diesen verhaftet worden wäre. Also verbrachte er ziemlich viel Zeit damit, seinen Juckreiz zu mildern, indem er heimlich Zigaretten rauchte. Rauchen war aber beim *Daesch* natürlich auch verboten. Wenn er mir das am Telefon erzählte, mussten wir beide darüber lachen.

Geduldet wurden auch Späße, die bestimmte Bevölkerungsgruppen als etwas einfältig darstellten. Was dem Deutschen seine Ostfriesen und Schwaben, sind dem Syrer seine Beduinen und Kurden. Eine Besonderheit sind die *Hamassne* – die Bewohner der Stadt Homs –, die gerne über sich selbst Witze machen und die meist beginnen mit »Es gab mal einen *Homsi* …«.

Gänzlich undenkbar waren dagegen öffentliche Satire oder Witze über unsere Regierung. Es hieß immer, dass die

Wände ihre Ohren spitzen, wenn man über Politik spricht. Also war es besser, man schwieg oder lobte.

Und trotzdem ließen es sich unsere Komiker nicht nehmen, Kritik an manchen Zuständen zu üben. Es war wie in der DDR: Harmlose Späße über Alltagsphänomene waren möglich, wenn sie an der Oberfläche blieben. Mit allem, was nach Systemkritik klang, riskierte man Gefängnis oder Schlimmeres, wie zum Beispiel einen angeblichen Verkehrsunfall.

Gemäßigte Kritik war dagegen geduldet und vielleicht sogar erwünscht. Es war kein Geheimnis, dass viele Staatsbeamte auf einen Zweitjob angewiesen waren. Das nahmen Sketch-Serien wie *Maraya* (Spiegel) oder *Buqa't Dauw* (Spotlight) auf die Schippe. So sieht man dort zum Beispiel einen Chemielehrer, der vormittags die Schüler anbrüllt, bevor er nachmittags brüllend Melonen verkauft. Oder man verbringt einen Tag mit einem Polizisten, der bei keiner Verkehrskontrolle ohne Bakschisch bleibt.

Bevor die Serien und Filme gesendet werden durften, mussten sie von offizieller Seite abgesegnet werden. Dabei wurde auf sensible Themen wie Religion, Politik und Sexualität geachtet; entsprechende Szenen mussten herausgeschnitten werden. Nicht nur Kritik am Staatsoberhaupt, auch erotische Szenen fielen der Zensur immer zum Opfer. Nacktheit war ein absolutes Tabu.

Oft war der Alltag in Syrien allerdings absurder, als unsere Komiker es sich hätten ausdenken können. So musste ich Anfang 2010 zu einer Behörde, um Unterlagen für meinen bereits in Deutschland lebenden Bruder beglaubigen zu lassen. Ich hatte extra von der Uni freigenommen und war endlich an der Reihe. Der Beamte vor mir tippte auf seiner Tastatur herum.

Nach einiger Zeit sagte ich: »Entschuldigen Sie, es ist gleich 15 Uhr. Bis dahin müssten Sie die Unterlagen gestempelt haben, damit ich sie noch von Ihrem Chef unterzeichnen lassen kann.«

Er sagte: »Ich arbeite, siehst du doch.«

Nach einer weiteren Viertelstunde fragte ich schließlich genervt: »Was soll ich jetzt machen?«

»Du siehst doch, ich arbeite!«, wiederholte er und sah nicht mal vom Bildschirm seines alten Rechners hoch.

In diesem Moment sah ich, dass sich sein Monitor im Fenster hinter ihm spiegelte. Er spielte die ganze Zeit Patience auf dem PC. Als ob er sich durchschaut fühlte, erbarmte er sich und sagte: »Gib her, deine Unterlagen!«

Und so bekam ich endlich meinen Stempel. Die Unterschrift seines Vorgesetzten habe ich an dem Tag aber nicht mehr bekommen. Wäre wohl auch zu viel verlangt gewesen.

An manche syrischen und arabischen Komiker erinnere ich mich besonders gut. Deren Kunst war für uns die beste Medizin gegen das Gefühl der allgemeinen Perspektivlosigkeit. Nicht umsonst gab es so viele Sketche über Akademiker, die als Taxifahrer anheuern müssen. Auch in Syrien sagt man: »Lachen ist die beste Medizin.« Sehr beliebt waren der Schauspieler Yasser al-Azma und seine Sketche. Diese enthielten immer Kritik an Beamten und Polizisten, an der Vetternwirtschaft, an der maroden Wirtschaft und dem schlecht organisierten Staat. So sieht man zum Beispiel in einer Szene in »Spotlight«, wie Menschen dicht gedrängt, am Rande des Erstickens, vor einem Amt warten und um Gehör betteln.

Auch Muhammed al-Maghout nahm in seinen Theaterstücken kaum ein Blatt vor den Mund. Die Hauptrollen in seinen Stücken spielte der bekannte syrische Schauspieler Duraid Lahham. »Prost, Heimat!« hieß ein sehr berühmtes Stück von 1979, in dem ein betrunkener Sohn mit seinem verstorbenen Vater »telefoniert« und über die Lage im neuen Syrien und der arabischen Liga diskutiert.

Aber waren die Komiker wirklich die Stimme des Volkes gegen das autoritäre System oder eher die Hofnarren der Machthaber? Der angesehene, mittlerweile betagte Lahham ist von einem angeblichen Systemkritiker zum offenen Anhänger der offiziellen Politik mutiert, meinen einige arabische Journalisten. Nach meinem Kenntnisstand haben die kritischen Stimmen seit den 1980er-Jahren sukzessive abgenommen. Allerdings behandeln seit dem Arabischen Frühling einige syrische Serien intensiver Themen wie Polizeigewalt oder Korruption. Als ob das Regime merkt, dass Fernsehen ein wunderbares Ventil sein kann.

Was ich am deutschen Humor toll finde, ist seine Vielfalt. Würde ich all die erfolgreichen Satiresendungen im deutschen Fernsehen regelmäßig sehen, wie die *heute show*, *extra 3*, *Neo Magazin Royale* oder *Die Anstalt*, würde ich die Hälfte meiner Zeit nur vor dem Fernseher verbringen – wie in Loriots Sketch »Fernsehabend«. Die *heute show* am Freitagabend ist mittlerweile Pflichtprogramm für mich. Durch die satirische Betrachtung hat diese Sendung meine Augen für die deutsche Politik geöffnet. Alle kriegen ihr Fett weg: Politiker, Parteien, Passanten und sogar Flüchtlinge.

Und doch muss ich immer wieder auf Loriot zurückkommen. Ich glaube, er hat seine Landsleute ziemlich genau beschrieben. Er inszeniert sich selbst als übertrieben deutsch und hält sich und seinen Landsleuten dabei den Spiegel vor.

Was mich an seinen Dialogen fasziniert und gleichzeitig zum Lachen bringt, ist die Sprache. Diese übertriebene Höflichkeit! Die stets ausgesucht korrekte Ausdrucksweise in jeder Situation – egal, worum es inhaltlich geht. Sogar wenn zwei nackte Männer mit Knollennasen in einer Badewanne diskutieren, ob man mit oder ohne Wasser baden sollte. Und ob die Ente draußen bleibt.

Dazu diese perfekte Grammatik und Syntax: Loriot hat in all seinen Sketchen reichlich Nebensätze, Genitive und Konjunktive 1 und 2 benutzt. Und in »Deutsch für Ausländer« zeigte er bereits in den 1970er-Jahren, wie wichtig die sprachliche Integration ist. Und dass man korrekte Grammatik überall lernen kann – sogar im Bett.

Ich habe das Gefühl, dass Loriot sehr wohl die wichtigen Themen seiner Zeit aufgegriffen hat – ob sexuelle Befreiung, wie im »Bettenkauf«, oder Gleichberechtigung, wie im »Jodeldiplom«. Aber er will seine Zuschauer nicht belehren. Das macht ihn sympathisch. Es liegen Welten zwischen den bereits erwähnten Piktogrammen der Bundeszentrale für gesundheitliche Aufklärung und zum Beispiel Loriots »Eheberatung«.

Die Tabubrüche erfolgten wie zufällig, wie im »Bettenkauf«: Zwei Pärchen kommen sich in der Möbelabteilung in die Quere.

»Wie lange sind Sie eigentlich verheiratet?«, fragt Kunde 1 (Loriot).

»Wir sind nicht verheiratet«, sagt Kunde 2 (Heinz Meier).

Kunde 1 (starr): »Ach … ach was. Und wozu brauchen Sie dann ein Doppelbett, wenn ich fragen darf?«

Loriot und Kabarett helfen mir, Deutschland zu verstehen. Und manchmal – mithilfe des Lachens – auch: zu überstehen.

Vor Kurzem war ich mit meinem ehemaligen Deutschlehrer in einem hervorragenden türkischen Restaurant Fisch essen. Am Tisch neben uns saß ein älteres deutsches Ehepaar. Jedes Mal, wenn wir zufällig in ihre Richtung sahen, schielten die beiden nach den Leckereien auf unseren Tellern und fragten höflich und doch neugierig: »Oh, wie heißt das? Und was ist das Schönes? Und schmeckt das?«

Man merkte, dass sie nicht stören wollten und dennoch das Gespräch suchten. Beim dritten »Schmeckt's?« musste ich lachen, weil mich das sehr an Loriots Sketch »Schmeckt's?« erinnerte. Dort wird der Gast im Restaurant derart häufig mit der Frage »Schmeckt's?« bedrängt, dass ihm seine »Kalbshaxe Florida« im Halse stecken bleibt.

Doch anders als bei Loriot entwickelte sich unser kleines Gespräch zu einem angenehmen Austausch. Aus der »Schmeckt's?«-Frage entwickelte sich eine Woher-kommen-Sie-Unterhaltung. Dass ich aus Syrien kam und mein Freund aus Polen, klang für die beiden sehr interessant. Aber auch wir, die Neu-Hamburger, waren froh, mit zwei netten Touristen zu reden. Die Frau kam aus Köln, der Mann war aus Sachsen.

So ist mir noch mal klar geworden, dass ich dort lebe, wo andere Urlaub machen. Und wie beglückend es ist, wenn Menschen aus vier unterschiedlichen Kulturen in einem türkischen Restaurant in Norddeutschland miteinander lachen.

13. Von Gebetsteppichen und Yogamatten

Juni 2014 – mein erster Sommer in Deutschland. Ich gehe mit weit geöffneten Augen durch die Stadt, will alles sehen und verstehen. Ganz Hamburg scheint draußen zu sein, obwohl noch nicht Wochenende ist. Im Stadtpark, auf den Wiesen entlang der Alsterkanäle – überall sind die Menschen halb nackt, die Männer in kurzen Hosen, die Frauen in Trägershirts, manche sogar im Bikini. Einige laufen, andere liegen im Gras, mit geschlossenen Augen und verschränkten Armen. Was machen sie da? Beten sie jemanden an? In einem der sogenannten weißen Strahlensessel, die die Stadt im Sommer im Alsterpark aufstellt, entdecke ich eine betagte Dame mit nackten Oberarmen: Sie liegt zurückgelehnt, die Augen geschlossen, das Gesicht zur Sonne gewandt, und lächelt selig. Alles klar: Das ist ein germanischer Sonnenkult, der hier, im weiten und sonnenarmen Norden Deutschlands betrieben wird.

Etwas länger habe ich gebraucht, um zu begreifen, warum man hier so viel über den Urlaub spricht. »Und? Wohin fährst du in Urlaub?«, ist die zweithäufigste Frage auf der

Arbeit, nach »Und? Was hast du am Wochenende gemacht?«. In den ersten Monaten habe ich diese Fragen sehr ernst genommen und mich fast geschämt, wenn ich keinen Urlaub geplant hatte, weil ich irgendwelche Deutsch- oder Qualifizierungskurse besuchen musste – und weil das Geld sowieso nicht reichte. Oft war ich mir unsicher, ob es sich um echtes Interesse handelte oder um eine Art Wettrennen, wer sich den tolleren Urlaub leisten kann. Dass wir Pfleger und Physiotherapeuten nicht mit den Ärzten mithalten können, war ja wohl klar.

Heute, zweieinhalb Jahre später, weiß ich, warum der Urlaub hier in Deutschland so wichtig ist: weil man einfach in die Sonne will und weg vom Stress. Das habe ich an mir selbst erfahren, als ich diesen Sommer meinen ersten richtigen Urlaub hatte, eine Woche Finnland.

Irgendjemand erzählte mir, dass die Franzosen viel weniger ins Ausland reisen als die Deutschen. Auch die Amerikaner würden ihre Ferien hauptsächlich im eigenen Land verbringen. Das liegt bestimmt mehr an deren sonnigem Klima und weniger am Geldmangel. Und vielleicht brauchen andere Völker auch weniger Urlaub, weil sie zu Hause besser entspannen können?

Das Wort Urlaub war für unsere Familie in Syrien ein Fremdwort. Wir hatten unsere Wochenenden, unsere Familienfeste auf dem Land – und das war es. Wie hätte es auch anders sein können angesichts unserer finanziellen Verhältnisse? Für die meisten Syrer aus unserer Einkommensschicht galt dasselbe. Fast niemand kannte Pauschalreisen oder schickte seine Kinder in die Ferien. Trotzdem würde ich nicht behaupten, dass die Menschen um mich herum viel gestresster waren als hier. Das lag sicher an den Glückshormonen, die unsere morgenländische Sonne hervorruft. Aber auch die Wirkung des regelmäßigen Betens ist nicht zu unterschätzen. Fünf Mal am Tag – wenn man die Möglichkeit dazu hat – berührt man mit dem Kopf die Erde, dreht der Welt den Rücken zu und versinkt für ein paar Minuten in ein Zwiegespräch mit dem Schöpfer. Das hat wirklich eine entspannende, man könnte auch sagen, meditative Wirkung.

Als mich meine Berliner Gastmutter zum ersten Mal beten sah, sagte sie begeistert: »Das ist ja die Kindsstellung.« Ich wusste damals noch nicht, dass es sich dabei um eine Entspannungsposition beim Yoga handelt, und war etwas irritiert: Sah ich wie ein Kind aus? Mittlerweile weiß ich, dank meiner zahlreichen yogaerfahrenen Freunde und Bekannten, dass unser rituelles muslimisches Vorbeugen ebenfalls eine Yogabezeichnung hat: »Sonnengruß«.

Ich möchte jetzt nicht die Qualität der Entspannung von Yogatreibenden und praktizierenden Muslimen vergleichen. Nur so viel sei gesagt: Der Koran schreibt vor, wie oft am Tag gebetet werden soll und wie oft dabei *Rakat* zu verrichten ist. Mit *Rakat* ist derjenige Gebetsabschnitt gemeint, bei dem man den Boden mit der Stirn berührt, und zwar jeweils zweimal nacheinander. Beim Morgengebet *(Alf adshr)* sind zwei *Rakats* vorgesehen, mittags *(Dhor)* und nachmittags *(Assar)* jeweils vier, abends *(Maghrib)* drei und nachts *(Ischa)* wieder vier. Wenn man das zusammenzählt, kommt man auf 17 Pflicht-*Rakats*. Wenn man möchte, kann man aber auch mehr beten. Es liegt auf der Hand, dass dieses Gebetsritual gesundheitsfördernd wirkt. Das Stirngebet regt die Durchblutung an und hält bis ins hohe Alter gelenkig. Das konnte ich bei meinen Großeltern erleben. Obwohl sie keine regelmäßigen Gesundheits-Check-ups kannten und keinen Sport trieben, sah man sie noch mit 80 regelmäßig ihre Stirngebete verrichten, manchmal sogar mit mehr Ausdauer als unsere Eltern, Onkel und Tanten. Die Gelenkigkeit wird übrigens auch durch das häufige Sitzen auf dem Boden geschult.

Beim gesundheitlichen Aspekt des Betens darf auch das rituelle Waschen nicht vergessen werden. Denn vor jedem Gebet soll *wudu*, eine Teilwaschung, oder gar *ghusl*, eine Ganzwaschung, erfolgen, je nach dem Grad der vorherigen Verunreinigung. Zähne putzen gehört auch dazu, wenn man zuvor gegessen hat.

»Aber kommt ihr bei so viel Beten überhaupt zum Arbeiten?«, werde ich manchmal gefragt.

»So streng ist Gott nicht zu seinen Schäfchen«, sage ich dann. »Es gibt viele Gründe, um sich vorm Beten zu drücken: wenn man krank ist, wenn man auf Reisen ist, Erledigungen für die Familie verrichtet oder eben arbeitet. Man kann die Gebete ja später nachholen.«

Ich arbeite in einem Krankenhaus, das einen eigenen Gebetsraum für seine muslimischen Patienten, Besucher und Mitarbeiter hat. Ich gehe dort ab und zu beten, aber nur in der Mittagspause und auch nicht in jeder.

»Ich geh dann mal beten«, sage ich manchmal zu den Kollegen nach dem gemeinsamen Mittagessen. Es findet sich immer einer, der antwortet: »Ich komme auch mit beten«, und dabei mit seiner Zigarette wedelt. Wir lachen, dann geht jeder seiner Wege: der eine in die Raucherzone, der andere in die Gebetszone. Ich finde, gemeinsam zu lachen ist fast so schön, wie gemeinsam zu beten.

In Aleppo sind wir selten in die Moschee gegangen, weil wir viel zu erledigen hatten. Außerdem war mein Vater ein gebranntes Kind. Er hatte erlebt, was Anfang der 1980er in Hama und Aleppo mit den Muslimbrüdern geschehen war, und wollte nicht, dass unsere Familie ins Visier der Staatssicherheit geriet. Es war ein offenes Geheimnis, dass in manchen Moscheen aggressive Imame, also Provokateure, predigten, die in Wirklichkeit dem Geheimdienst zuarbeiteten. Auch hörte man immer wieder von jungen Männern, die in den Moscheen radikalisiert worden waren, um in den »heiligen« Krieg in den Irak geschickt zu werden. Daher hatten wir die Ausübung unseres sunnitischen Glaubens eher ins Häusliche verlagert. Dort konnte uns niemand unser *Ora et labora* – Bete und arbeite – nehmen.

Ein rechtschaffener Muslim ist angehalten, seine religiösen Pflichten gewissenhaft zu erfüllen. Dafür sorgte schon unser Vater. Doch wie oft man im Koran liest und ob man betet – dafür ist jeder selbst verantwortlich. Die Frage »Hast du heute schon gebetet?« darf niemals als Kontrolle gemeint sein, auch nicht innerhalb der Familie. Niemand darf einen anderen im Glauben bedrängen. Ich käme nicht auf die Idee, meine jüngeren Brüder zu befragen, wie oft sie diese Woche gebetet haben, oder sie gar zur Rechenschaft zu ziehen. *Kul schakhs wa rabuh* heißt es bei uns, was so viel bedeutet wie »Jeder, wie er kann und will«. Man hat sich persönlich vor

Gott für seine Taten zu verantworten, wie im Übrigen die Protestanten auch.

Trotz der Sorgen unseres Vaters gingen wir Brüder gelegentlich zu den Freitagsgebeten, manchmal auch zusammen mit ihm. Es war ein fester Ablauf: Wir schliefen aus, kauften frisches Fladenbrot und Aufstriche aus dem *Fual* und frühstückten zusammen. Und ab 12 Uhr, wenn von allen Seiten der Gebetsruf der Muezzins zu hören war und die Menschen in Richtung der Moscheen strömten, reihten wir uns ein. Die meisten Männer trugen das lange weiße Gewand, die *Galabia*. Auch ich zog das manchmal auf Bitten unseres Vaters an.

Nach dem Freitagsgebet trafen wir uns vor der Moschee mit Bekannten und unterhielten uns angeregt. Man sprach über alles – außer über Politik, denn man wusste nie, wer alles mithörte. Auch das war eine Parallele zwischen Syrien und der DDR, wie mir erzählt wurde – die Allgegenwart und Allmacht der Staatssicherheit.

Dennoch, die Moschee war ein sozialer Treffpunkt, unser »Stammtisch«. Vermutlich ging es in Europa früher ähnlich zu, wenn sonntags die Kirchenglocken läuteten und die Menschen zum Gottesdienst riefen.

Ich habe es immer als etwas Besonderes erlebt, zusammen mit vielen anderen zu beten, auch hier in Deutschland. Egal, was man arbeitet und verdient, wir verneigen uns gemeinsam vor Gott, legen die Stirn auf denselben Teppich. Das ist auch die Idee der Pilgerfahrt nach Mekka, der *Hadj*: Alle sollen Weiß tragen, damit keiner sich vom anderen abhebt.

Die Predigt des Imams ist zwar wichtig, doch im Grunde genommen braucht man keine Moschee, um zu beten. Ich brauche nicht mal einen besonderen Teppich, es muss nur etwas Sauberes zum Hinknien sein. Im Herbst und im Winter habe ich ja praktischerweise immer meine Jacke dabei.

Als ich vor einigen Wochen bei Elena, meiner Co-Autorin, zum ersten Mal beten wollte, war sie etwas überrascht und sah sich verpflichtet, mir etwas Geeignetes anzubieten.

»Kann ich nicht einfach hier knien?«, fragte ich und zeigte auf den Spielteppich ihres Sohns.

»Ja, warum nicht?«

Beim zweiten Mal holte sie ihre luftgepolsterte Campingmatte heraus – eine ziemlich komfortable Gebetsunterlage, wie ich fand. Bei so einer Unterlage besteht fast die Gefahr, dass man sich im Gebet verliert.

Dann wäre vielleicht eine Yogamatte besser, meinte Elena. Die seien weich und hart zugleich und vor allem rutschfest. Es sei eben eine Turnmatte und ein Meditationsteppich in einem und gut transportierbar. Die Suren-Gesänge des Muezzins von meiner Handy-App würden sie sowieso an Meditationsmusik erinnern, meinte sie.

Als ich aus Neugier im Internet nach Yogamatten recherchierte, war ich überrascht von der großen Vielfalt. Kein Wunder also, dass fast alle, die ich in Hamburg oder Berlin kenne, Männer wie Frauen, Yoga machen. Asien scheint in Deutschland sehr präsent zu sein. Alle haben Angst vor »der Islamisierung des Abendlandes« – vielleicht sollte man aber eher von einer Buddhaisierung sprechen? In jeder zweiten Wohnung oder Garten steht ein lachender, liegender oder schlafender Buddha, das Yin-und-Yang-Symbol ist allgegenwärtig, und nicht selten wehen bunte Tibet-Fähnchen auf einem Balkon. Das Yin-und-Yang-Symbol mochte übrigens auch meine Kommilitonin Evin in Syrien und trug es als Halsschmuck.

Eine christliche Ikone oder gar ein Kreuz habe ich hingegen in keinem der Haushalte entdeckt, in denen ich zu Besuch war. In Syrien schon, bei meinen christlichen Freunden. Auch habe ich von keinem meiner deutschen Freunde oder Kollegen gehört, dass er oder sie sonntags in die Kirche gehen würde, um sich danach zu einem »christlichen Stammtisch« mit Freunden zu treffen. Sogar zu Weihnachten scheinen die Leute weitaus mehr Zeit auf den Weihnachtsmärkten und in den Geschäften zu verbringen als in der Kirche.

Von uns Geflüchteten wird erwartet, dass wir uns an die westlichen Werte halten sollen. Es ist allerdings nicht immer klar, worin diese Werte genau bestehen. Wenn nur die christlichen Werte damit gemeint sind, frage ich mich, wer noch in die Kirchen geht, wenn sie sonntags läuten? Woran erkenne ich einen guten Christen, und wie unterscheide ich einen Protestanten von einem Katholiken? Warum haben so viele Kirchen hier im Norden auf den Turmspitzen Hähne und keine Kreuze, wie bei uns in Syrien? Heißt es, dass sich das Kreuz in alle Richtungen drehen darf, wie ein Wetterhahn?

Ich frage mich, woran die heutigen Deutschen glauben. An Gott oder nur an Google, Facebook und eBay, insbesondere die junge Generation? Wenn wir uns in Aleppo mit Freunden trafen oder zu Hause Gäste hatten, war es absolut üblich, dass jemand sagte: »Jetzt muss ich beten« oder »Ich muss jetzt ein Gebet nachholen« – egal ob jung oder alt. Es war selbstverständlich, es gehörte einfach dazu.

Aber es klappt auch hier. Neulich war ich zur Einweihungsparty einer Bekannten eingeladen. Ich war wie so oft der einzige Muslim, ich aß und lachte zusammen mit den gut gelaunten Gästen, die mit ansteigendem Alkoholpegel immer lauter und lustiger wurden. Irgendwann fragte mich die Freundin, ob sie mir das Gästezimmer im oberen Stockwerk zeigen dürfe. Da lag eine Yogamatte auf dem schönen Holzfußboden. Plötzlich fiel mir ein, dass ich mein Abendgebet nachholen könnte. Ich sagte zu der Freundin: »Du, ich habe meinen Gebetsteppich nicht dabei. Könnte ich auch hier beten?«

»Natürlich!« Sie klopfte mir auf die Schulter, dann ging sie wieder zurück zu den Gästen.

Es war für mich etwas Neues, hier oben auf der Yogamatte zu beten und von unten das ausgelassene Lachen meiner deutschen Freunde und Freundinnen zu hören. Ich war zwar in dem Moment nicht bei ihnen, aber ich gehörte dazu.

Ich frage mich gelegentlich, warum die Menschen hier ein geringeres Bedürfnis haben, zu beten. Vielleicht geht es ihnen zu gut, um den Allmächtigen um Hilfe und Gnade zu bitten? Wird es mir eines Tages womöglich auch *zu gut* gehen? Wenn ich im Krankenhaus schwerkranke Menschen behandle, frage ich mich manchmal, ob sie beten oder ihre Angehörigen das für sie tun. Was machen die Menschen hierzulande, wenn sie in Schwierigkeiten sind? Woraus schöpfen sie Kraft und Hoffnung?

Wenn ich eine Prüfung vor mir habe oder einen wichtigen Termin in irgendeiner Behörde, sehe ich meine Mutter vor mir: »Ich mach für dich *Duaa*, Faisal«, sagte sie immer, wenn mir etwas Schweres oder eine Reise bevorstand. Dann öffnete sie die Handflächen nach oben – wie zwei gewölbte Blätter – und sprach leise ihr Gebet. Das fehlt mir sehr! Diese *Duaas*, die persönliche Form des muslimischen Bitt- und Dankgebetes, schienen durch die Hände unserer Mutter eine besondere Wirkung zu bekommen. Und es hat bis jetzt bei all ihren Kindern geholfen. Ich hoffe, dass ihre und unsere Gebete weiterhin helfen, vor allem denen aus unserer Familie, die es am schwersten haben: unserer Schwester und ihrer Familie, die den Winter in Syrien ohne festes Dach über dem Kopf verbringen mussten.

Das Altenheim und das Krankenhaus sind Orte, an denen die ethnischen und religiösen Unterschiede an Bedeutung verlieren. Die Kranken und Hilfsbedürftigen sind einfach dankbar, wenn sie jemand liebevoll und mit Respekt behandelt. Da spielt es offenbar kaum eine Rolle, zu welchem Gott ich als Physiotherapeut bete.

Nur ein Mal habe ich etwas wie Skepsis gegen mich als Muslim erfahren. Es war in den ersten Monaten meiner Berufstätigkeit in Deutschland. Ich arbeitete im Altersheim, wo ich die Grundpflege verrichtete. Als ich zu einer Patientin kam, um ihr zu helfen, sagte sie:

»Sie heißen Faisal?«

»Ja.«

»Sie sind Moslem, oder? Und was haben Sie jetzt mit mir vor?«

Die Patientin war klar im Kopf und hatte Humor.

»Ich möchte Ihnen nur beim Duschen helfen«, antwortete ich.

»Aber Sie dürfen keine nackten Frauen sehen«, sagte sie schelmisch.

»Ich bin aber ein moderner Muslim«, merkte ich an und brachte sie dadurch zum Lachen.

Ich wollte ihr keinen Vortrag halten, dass es für einen Muslim möglich ist, eine Frau zu medizinischen Zwecken zu untersuchen oder zu behandeln und trotzdem »rein« zu bleiben. »Es darf keine Scham geben in der Wissenschaft und in der Religion«, so hieß es bei uns; das hatten wir in der Ausbildung gelernt. Genau wie deutsche Ärzte und Pfleger zwischen Sexualität und Beruf trennen, tun es Menschen muslimischen Glaubens auch. Klar, dass es wahrscheinlich trotzdem überall schwarze Schafe gibt.

Unterschiede gibt es aber während der Ausbildung. Im meinem Physiotherapiestudium in Syrien übten wir die Massagetechniken oder andere Prozeduren ebenfalls unter uns Kommilitonen, nicht immer geschlechtergetrennt. Aber unser »Vorführ-Opfer« war in der Regel ein männlicher Teilnehmer. Hier in Deutschland ist es üblich – so meine Erfahrung während meiner Fortbildungen –, dass Männer und Frauen die Techniken miteinander üben. Ich habe von meinen Kollegen auch gehört, dass es in der Ausbildung sogar üblich war, sich bis auf die Unterwäsche auszuziehen, oder sogar darüber hinaus, um das Gelernte aneinander zu demonstrieren.

Es ist sicher alles eine Frage der Übung – sowohl die Selbstbeherrschung als auch die Kontrolle über die eigenen

Instinkte und Impulse. Eine gute Möglichkeit für uns Muslime, Verzicht und Geduld zu üben, ist der Ramadan. 30 Tage lang übt man jedes Jahr, Hunger, Durst und sexuelle Lust zu bändigen – zumindest zwischen Sonnenaufgang und Sonnenuntergang. Ein gutes Beispiel war unser Vater. Während des Ramadans soll man sich aller Genüsse enthalten, auch des Rauchens. Für unseren Vater, der seit seiner frühesten Jugend passionierter Raucher ist, war das eine wirkliche Prüfung. Das ganze Jahr über redete die Familie auf ihn ein, dass er das Rauchen lassen solle – ohne Erfolg. Aber auf wundersame Weise konnte er während des Ramadans einen Monat lang auf den Tabak verzichten, jedenfalls tagsüber. Es gab übrigens viele Menschen, die wegen des Rauchens auf den Ramadan verzichteten.

Wir Kinder waren zwar vom Fasten befreit, aber viele wollten es trotzdem ausprobieren. Ich kann mich erinnern, wie stolz ich als kleiner Junge war, wenn ich es ein paar Stunden ohne Brot und Wasser ausgehalten hatte. Beim Fasten entscheidet jeder für sich selbst – und vor Gott –, was er leisten kann und will. Das ist vor allem für Muslime wichtig, die in Nordeuropa leben. Denn wenn der Ramadan, wie in den letzten Jahren, in den Juni und Juli fällt, ist die Zeit zwischen Sonnenauf- und Sonnenuntergang – anders als im Orient – bis zu 16 Stunden lang. Diese Zeit ohne Essen und vor allem Trinken durchzustehen, ist für Berufstätige nicht immer möglich. Trotzdem gibt es viele, die es freiwillig tun und diese Herausforderung gerne annehmen.

Umso schöner ist das allabendliche Fastenbrechen. Das Esstuch, das *Sufra,* liegt auf dem Boden ausgebreitet, die

Schüsseln mit den Gerichten stehen bereit, der Wasserkrug auch. Auf keinen Fall dürfen die Datteln und der kalte *Aruqsus* fehlen – unser Lakritzsaft, der aus Süßholzwurzeln gewonnen wird. Und wenn beim Sonnenuntergang der Muezzin zum Abendgebet ruft und die Familie gemeinsam zu essen beginnt, fühlt es sich an wie die Feier nach einer gemeinsam bestandenen Prüfung. Man kommt sich reiner und stärker vor.

Dieses Gefühl der Genugtuung verstärkt sich dadurch, dass wir angehalten sind, an diejenigen zu denken, die wenig haben. Sein Essen mit den Ärmeren zu teilen, ist im Ramadan oberste Pflicht. Und ich glaube, dass etwas von dieser Haltung auch in den Rest des Jahres hinübergerettet wird.

Noch etwas sollte man geschafft haben, bevor der Ramadan zu Ende geht: Man sollte sich mit denen aussöhnen, mit denen man Streit hatte, und denjenigen vergeben, auf die man böse ist. Ohne Vergebung sollte man nicht das Zuckerfest, das *Eid al-Fitr*, begehen.

Der letzte Tag des Ramadans war immer sehr aufregend. Gegen Sonnenuntergang ging einer von uns auf die Straße, um den Muezzin zu hören. Dann rief er: »Der Muezzin hat gerufen«, und man hörte aus allen Häusern unserer Straße das *Allahu akbar* wie eine warme Welle. Auch deshalb ist es so bitter, dass Fanatiker es geschafft haben, den arabischen Ruf »Gott ist groß« im Bewusstsein so vieler Menschen mit der Angst vor Bombenanschlägen zu verbinden. Drei Tage lang durfte man feiern, essen und sich gegenseitig besuchen. Wir Kinder bekamen Geld in unsere Spardosen sowie Süßigkeiten und Kleidung, aber auch die Erwachsenen schenkten sich manchmal etwas. Insofern kann unser Zuckerfest durchaus mit Weihnachten verglichen werden.

Als ich mein erstes Weihnachtsfest in Deutschland verbrachte, wunderte ich mich allerdings, dass es bei meinen Gasteltern so ruhig zuging. Es war offenbar ein Fest, das man im engsten Familienkreis feierte. Für mich war unser »Weihnachten« eine Zeit, die den Nachbarn, den Verwandten und den Freunden gewidmet ist. Am ersten Tag des *Eid al-Fitr*, gleich nach dem besonderen Morgengebet, begann das große gegenseitige Besuchen und Gratulieren. Grüppchen von Männern und Frauen zogen von einem Haus zum nächsten. Alle hielten natürlich Unmengen von Keksen und Süßigkeiten bereit. Sehr beliebt war *Mamul* – ein Grießgebäck, gefüllt mit Mandeln und Datteln, das auch in der jüdischen Küche beliebt ist. Bei uns zu Hause haben wir manchmal an einem Tag bis zu 50 Besucher begrüßt. Und wer es im ersten Schwung nicht geschafft hatte, kam eben später.

Der Ramadan verschiebt sich jedes Jahr um zehn Tage. Ich habe neulich nachgerechnet, wann das christliche Weihnachten und das muslimische Zuckerfest zusammenfallen könnten. Es wäre etwa im Jahre 2033. Ich bin sehr neugierig darauf, ob es in den Großstädten Deutschlands dann Weihnachts-Zuckerfest-Märkte geben wird: mit Stollen neben Datteln, mit Schmalzkuchen neben *Mamul*, mit Glühwein mit Schuss neben arabischem Lakritzsaft. Dorthin würde ich dann sehr gerne einen Betriebsausflug machen.

14. Mein Silvester 2015

Maryam fiel mir sofort auf: Über dem langen Pullover und den Jeans trug sie eine neonfarbene Helferweste, dazu ein helles Kopftuch, das ihre geschwungenen schwarzen Augenbrauen besonders zur Geltung brachte. Es war September 2015, wir standen am Hamburger Hauptbahnhof, um neu ankommende Flüchtlinge zu empfangen. Wir verteilten Essen und Getränke, dolmetschten und brachten die Neuankömmlinge in die provisorischen Unterkünfte, wo sie über Nacht bleiben konnten.

Ich lernte Maryam näher kennen, als wir zwei syrische Familien mit kleinen Kindern in eine der Moscheen am Hauptbahnhof begleiteten. Maryams Eltern kamen aus Ägypten, sie war hier in Deutschland aufgewachsen und sprach ein tolles, akzentfreies Deutsch und ein niedliches, leicht gebrochenes Arabisch, das für mich sehr schön klang, ein bisschen wie Kindersprache. Mein Deutsch muss sich damals noch niedlicher angehört haben.

Wir haben uns ein paarmal im Rahmen der Hilfsaktionen getroffen und dann aus den Augen verloren, bis wir uns Anfang 2016 wieder über den Weg liefen. Maryam hatte nun kein Kopftuch mehr, sie trug ihr langes schwarzes Haar offen. Wir tranken unseren Kaffee, aßen unseren Kuchen und erzählten, was jeder gerade so machte. Sie wollte ein Praktikum beginnen, ich hoffte auf einen Arbeitsvertrag als Physiotherapeut. Irgendwann sprach ich sie darauf an: »Trägst du noch ein Kopftuch? Ich habe dich sonst nur mit Kopftuch gesehen.«

Sie erzählte, dass sie sich gegen das Kopftuchtragen entschieden habe, solange sie Bewerbungsgespräche führe. Sie habe Angst, man könne sich sonst gegen sie entscheiden. Außerdem, so fügte sie hinzu, habe sie das Gefühl, dass man sie auf der Straße und in den Bussen schief anschaue.

Es waren erst zwei Monate nach dem berüchtigten Silvesterabend 2015 in Köln und in Hamburg vergangen, und ich konnte Maryams Entscheidung gut nachvollziehen. Vielleicht hätte ich dasselbe getan, wenn ich eine Frau wäre. In den ersten Wochen nach den schrecklichen Ereignissen hatte auch ich das Gefühl, dass mir mehr Misstrauen als sonst begegnete, auch wenn ich kein Kopftuch trug und auch keinen Vollbart.

»Und was hast du an Silvester gemacht?«, wurde ich auf der Arbeit gefragt, wie jeder andere auch. Doch zum ersten Mal hatte ich das Gefühl, mich rechtfertigen zu müssen. Obwohl ich die Silvesternacht ganz ruhig mit meinen Gasteltern auf einer Nordseeinsel verbracht hatte, wo man nicht einmal Feuerwerk zünden durfte, fühlte ich mich irgendwie schlecht. Ich hatte vorher nie von solchen Schandtaten gehört, geschweige denn solche gesehen: dass arabische – auch syrische – Männer sich volllaufen ließen und massenhaft Frauen belästigten und beraubten. Das überstieg meine Vorstellungskraft, und ich war unglaublich wütend. Einerseits auf die, die den Ruf aller arabischstämmigen Einwanderer aufs Spiel setzten, andererseits auf die deutschen Behörden, die gegen jene zu lasch vorzugehen schienen. Noch trauriger fand ich es, dass sogar muslimische Frauen, die mit den Tätern nichts zu tun hatten, unter der dadurch verstärkten Islamfeindlichkeit zu leiden hatten.

Dass meine ägyptisch-deutsche Bekannte Maryam gern ein Kopftuch getragen hätte, aber sich dagegen entschied, damit sie beim Bewerbungsgespräch nicht aussortiert wird, machte mich nachdenklich. Was für Ängste waren hier im Spiel? War Maryams Befürchtung realistisch, die Tore der westlichen Arbeitswelt könnten ihr verschlossen bleiben? Und war die Angst von Personalchefs berechtigt, dass durch Maryams Kopftuch der innere Friede in ihrer Firma in Gefahr geraten könnte? Offenbar war das Kopftuch zu einem Symbol für den Kampf der Werte geworden.

Bei diesem Thema muss ich immer auch an meine Kommilitonin Rahna denken, mit der ich in Aleppo Physiotherapie studierte. Sie war alawitische Kurdin und mit einem sunnitischen Kurden verlobt, der PKK-Sympathisant war. Eines Tages, es muss Mitte 2011 gewesen sein, traf ich sie völlig aufgelöst an der Uni. Sie trug mittlerweile Kopftuch – und das hatte sie ihre Beziehung gekostet. Nachdem sie sich entschieden hatte, Kopftuch zu tragen, wollte ihr Freund nichts mehr von ihr wissen. Rahna erzählte mir, ihr Verlobter könne sich nicht vorstellen, dass seine zukünftige Frau ein

Kopftuch trägt. »Wieso nicht, er ist Moslem wie du?«, hakte ich nach. Ja, antwortete sie, aber er sei kein praktizierender Moslem und würde nur an die Ideologie des PKK-Anführers glauben, der Atheist sei. Die Politik hatte über deren Liebe gesiegt.

Die jungen Frauen, die ich in Syrien kannte, trugen ihr Kopftuch freiwillig. Wenn ich beispielsweise meinen Schwestern sagen würde, sie sollten oder dürften ihre Kopftücher ablegen, würden sie mich für verrückt erklären. Es gab natürlich auch andere Fälle: Im Mädchenwohnheim an der Uni gab es junge Frauen, die in ihren Städten oder Dörfern mit Kopftuch gesehen wurden, aber in der Stadt keins trugen. Möglicherweise war das für sie eine Art Befreiung. Das betrifft im Übrigen auch manch junge Männer, die in ihren Dörfern die traditionellen langen Gewänder trugen, sich in der Stadt aber gern in Jeans und Hemd zeigten.

Kopftuch oder nicht – das war in der Regel kein großes Thema bei uns auf dem Campus. Für mich war es selbstverständlich, dass Studentinnen mit und ohne Kopftuch nebeneinandersaßen. Es gab auch junge Frauen mit *Niqab*, dem Ganzkörperschleier mit Augenschlitz, allerdings wenige, vielleicht zwei oder drei Prozent. In den Vorlesungen nahmen sie den Vollschleier ab, behielten aber ihr Kopftuch an. Wenn sie die Uni verließen, zogen sie den *Niqab* wieder an. Ich habe nie erlebt, dass sie deswegen angefeindet wurden.

Vielleicht haben die jungen Frauen untereinander Druck in die eine oder andere Richtung ausgeübt, auf eine subtile Art und Weise. Bestimmt fielen Sprüche wie »Mit Kopftuch siehst du aber schöner aus« oder »Diese Frisur steht dir aber besser als das Kopftuch«. Für mich als Mann war dieser Druck nicht spürbar, das können Frauen bestimmt besser beurteilen.

Ich kann mir vorstellen, dass auch die jungen Frauen in Deutschland Druck verspüren – eine andere Art von Druck. Sich auffällig anziehen zu müssen, auch wenn sie schüchtern sind. Auf Partys Alkohol zu trinken, damit sie keine Außenseiterinnen werden. Einen schlanken und durchtrainierten Körper zu haben, obwohl sie gern essen und nicht so sportlich sind. Und nicht zuletzt sexuell aufgeschlossen zu sein aus Angst, von den Jungs übergangen zu werden.

In der Erziehung, die sich an den islamischen Werten orientiert, ist vorehelicher Sex verboten. Doch wurde bei uns häufig mit zweierlei Maß gemessen. Einige vergessen gern, dass das Verbot nicht nur für Frauen, sondern auch für Männer gilt. Auf jeden Fall war es fast allen Familienmitgliedern wichtig, dass die Unverheirateten rechtzeitig ihre bessere Hälfte finden und eine eigene Familie gründen.

Ich stelle es mir durchaus kompliziert vor, als junger Deutscher hier in der westlich-liberalen Gesellschaft Orientierung zu finden: Was darf ich als junger Mann, was ist tabu, was ist erstrebenswert? Die »roten Linien« in der offenen Gesellschaft sind weniger sichtbar als in Syrien. Auch scheinen die Prioritäten in der Lebensgestaltung anders gewichtet. Die Haltung, dass ein junger Mann beizeiten eine eigene Familie gründen soll, ist hier wenig verbreitet. An erster Stelle kommt die berufliche Selbstverwirklichung, die finanzielle Absicherung, die Welt bereisen – und erst dann Vater werden. Oder auch nicht.

In Syrien – jedenfalls in den Kreisen, in die ich Einblick hatte – war die Gewichtung anders. Heiraten und Kinder bekommen stand für die jungen Männer und Frauen ganz oben auf der Liste der Lebensprioritäten. Natürlich waren Beruf und Geldverdienen ebenfalls sehr wichtig und lebensnotwendig, dennoch würde ich behaupten, dass der Stellenwert der Familie etwas höher war – zu Hause, aber auch in der Schule und in der Öffentlichkeit. Viele Kinder zu haben, wurde eher als Geschenk und Reichtum angesehen denn als Armutsrisiko.

Die Vorstellung von einer begehrenswerten jungen Frau ist in Syrien daher eng verknüpft mit der Vorstellung von ihr als künftiger Mutter. Die äußere Anziehungskraft geht mit einer inneren Güte einher. Es gibt ein bekanntes arabisches Gedicht von Hafez Ibrahim, geschrieben 1910, das wahrscheinlich viele Syrer aus der Schule kennen. Es handelt u. a. von der zentralen Rolle der Frauen in der Gesellschaft. Da die Mutter die erste Schule eines Menschen ist, betont der Dichter, wie wichtig es ist, Mädchen eine gute Bildung und Erziehung zukommen zu lassen. Denn eines Tages würden diese selbst Mütter werden und ihre Verantwortung beim Heranbilden der kommenden Generationen tragen. Ich bin wahrscheinlich von diesen Gedanken beeinflusst, davon zeugen jedenfalls die zwei, drei Male, in denen ich mich ernsthaft verliebt habe.

Hier in Deutschland begegne ich vielen gebildeten und netten jungen Frauen verschiedener Nationalitäten. Manche tragen kurze Röcke und Kleider, eng anliegende Jeans oder Tops. Andere sind dezent und unauffällig gekleidet, einige tragen außerdem Kopftuch. Ich kenne dieses Nebeneinander auch aus Syrien, sowohl vom Straßenbild als auch von der Uni oder der Arbeit. Auf den Fotos, die ich in meinem Laptop aufbewahre, kann man die bunte Vielfalt der weiblichen Kleidungsstile bei uns bewundern: von schick und körperbetont bis westlich-elegant mit modischem Kopftuch, mitunter eine Kollegin mit *Niqab*. Genauso wie in Aleppo erfreue ich mich auch in Deutschland an dieser bunten Vielfalt. Wie ein jeder Mensch, habe auch ich meine Lieblingskolleginnen und -bekannten, mit denen ich gern rede und die ich gelegentlich zum Lachen bringe. Ich genieße den Austausch über unsere Probleme und Eigenheiten und auch die Kommunikation zwischen Mann und Frau. Aber ich betrachte die netten Frauen um mich herum eher wie Schwestern. Es ist nicht so, dass ich mich nicht verlieben möchte. Aber ich will mich dazu bewusst entscheiden, wenn der passende Moment gekommen ist.

Neulich saß ich im Bus und habe ungewollt der Unterhaltung zweier Verliebter zugehört. Sie waren etwa so alt wie ich und standen direkt vor mir, dicht aneinandergeschmiegt.

Er sagte leise zu ihr: »Ich liebe dich, mein Schatz.« Aber doch so laut, dass ich und vielleicht auch andere es gehört haben. Ich versuchte absichtlich wegzuhören, es ging mich ja nichts an; ich vertiefte mich wieder in *meinen* Schatz – mein App-Wörterbuch.

Aber ich musste doch zwangsläufig an meine ehemalige Verlobte denken. Ich liebte es, sie zu überraschen und ihr so Beweise meiner Liebe zu schenken. Einmal hatte ich wochenlang nach ihrem Lieblingsparfum gesucht, obwohl sie mir den Namen nicht verraten wollte. Ich habe mich einfach durch alle Düfte getestet. Und als ich ihr das richtige Parfum schenkte, fiel sie aus allen Wolken. Aber im Bus hätte ich mir nie erlaubt, ihr Liebesworte zuzuflüstern.

Vielleicht bin ich als arabischstämmiger Einwanderer tatsächlich etwas ungeübt auf diesem Gebiet. Ich muss an die Offensive der Medien nach Silvester 2015 denken. Neben der ständigen Frage in den Talkshows: »Haben Sie auch Angst vor dem Islam?«, liefen auch Aufklärungskampagnen in Sachen Sexualität, wie zum Beispiel auf der Plattform der Bundeszentrale für gesundheitliche Aufklärung. In 13 Sprachen und mit unmissverständlichen Zeichnungen wird erklärt, was man tun soll, um in den Genuss der schönsten Sache der Welt zu kommen. Angefangen mit »Ein Mann und eine Frau küssen sich« bis zu diversen Stellungen beim Geschlechtsverkehr.

Die Aktion war sicher gut gemeint, aber offenbar sind viele Deutsche der Meinung, dass wir Einwanderer beim Thema Sexualität hinter dem Mond leben. Wenn mir jemand mit Piktogrammen erklärt, wie ich eine blonde Frau in einen Erregungszustand versetzen soll, fühle ich mich behandelt, als wäre ich ein ahnungsloser Jugendlicher, der endlich einmal aufgeklärt werden soll. Aber das ist ein Missverständnis. Junge Muslime verzichten nicht deshalb auf Sex, weil sie Kinder sind, die einfach noch nicht wissen, wie es geht, sondern weil sie sich dazu bewusst entscheiden. Ich habe wie viele andere junge Muslime und Muslima kein ausschweifendes Sexualleben genossen, fühle mich aber trotzdem recht gut aufgeklärt, durch Gespräche, Bücher, Filme und das Internet.

»Du bist einfach zu wählerisch, Faisal«, sagt mein Kumpel Jan oft. Er hat von Zeit zu Zeit eine neue Freundin, von der er erzählt.

»Worauf wartest du? Dass deine Auserwählte vom Himmel fällt? Probieren geht über Studieren!«

Für ihn mag das stimmen, aber jeder ist ja für sich selbst verantwortlich. Jan und ich diskutieren oft über die Vor- und Nachteile der freien Partnersuche schon vor der Ehe.

»Ich würde mir niemals von meinen Eltern sagen lassen, wen ich heiraten soll!«, meinte er empört. »Lieber melde ich mich bei einer Online-Partnerbörse an.«

Ich bin ehrlich gesagt auch froh, meine Partnersuche schon immer selbst in die Hand nehmen zu können. Das Gleiche gilt für alle meine Geschwister. Denn obwohl meine Eltern sehr traditionell sind, haben sie weder meine Schwestern noch meine Brüder bei der Wahl ihrer Partner bedrängt. Unser Ja oder Nein entscheidet. Es kommt natürlich überall vor, dass die Tochter oder der Sohn jemanden heiraten möchte, der den Eltern oder anderen Familienmitgliedern nicht gefällt. Das war bei einer unserer Cousinen der Fall. Ihre Familie versuchte, ihr von dieser Beziehung abzuraten, aber die jungen Leute haben trotzdem Hochzeit gefeiert, gemeinsam mit den Eltern.

Es gab aber auch andere Eltern. In eher ländlich-traditionell geprägten Familien kommt es vor, dass der Vater nach Hause kommt und sagt: »Wir haben für dich eine passende Frau.« Widerspruch unerwünscht. Ohne dass die jungen Leute sich vorher je gesehen haben, soll ein Bund fürs Leben geschlossen werden. Die Söhne und Töchter machen meistens mit – sie kennen es nicht anders. Ich kannte ein paar Jungs, die aus einem solchen Dorf kamen. Soweit ich weiß, sind sie noch mit ihren Ehefrauen zusammen; ob sie glücklich sind, kann ich nicht sagen. Ich möchte aber an dieser Stelle betonen, dass solche Familien in Aleppo die absolute Ausnahme waren!

Manchmal stelle ich mir vor, ich würde noch in Syrien leben und meine Eltern würden mir bei der Suche nach einer Partnerin helfen wollen. »Wir haben in der Nachbarschaft eine hübsche und sehr nette junge Frau kennengelernt, die würde gut zu dir passen! Willst du sie nicht kennenlernen?«, würde meine Mutter fragen. Ich würde im ersten Moment wahrscheinlich antworten: »Ach, Mama, danke, aber es passt gerade nicht.«

Weder ich noch meine Eltern wären an dieser Stelle beleidigt. Ein deutscher Freund würde das eher als Bevormundung oder Anmaßung empfinden, für mich wäre es ein aufrichtig gemeintes Hilfsangebot.

Ich kann aber nicht ausschließen, dass ich zu meinen Eltern gesagt hätte: »Warum nicht? Ihr kennt mich am besten. Dann lasst uns ein Kennenlern-Treffen organisieren.« Wäre das eine arrangierte Ehe? Ist ein sorgfältig vorbereitetes Date über eine teure Online-Partnerbörse etwas anderes?

In vielen Fällen besuchen sich in Syrien die jungen Menschen zuerst gegenseitig, in Begleitung von Eltern oder Geschwistern, oder man geht mit den Schwestern oder Brüdern gemeinsam aus. Das ist die erste Kennenlernphase, in der man sich gegenseitig beschnuppert, die schnell zu Ende gehen oder sich mehrere Monate hinziehen kann. Hat man sich füreinander entschieden, wird im kleinen Rahmen Verlobung gefeiert. Die Verlobungszeit kann länger dauern, ich kenne Menschen, die zwei Jahre lang verlobt waren. Es ist eine sehr wichtige Zeit, in der man – ohne die Begleitung anderer – herausfinden kann, ob man wirklich zueinander passt. Denn am Ende dieser zweiten Kennenlernphase kann man sich trennen, ohne dass die »Ehre« der jungen Frau oder des Mannes als beschädigt gilt. Zum Happy End gehört natürlich eine glückliche Hochzeit im Kreise aller Verwandten – und im Idealfall das erste Kind innerhalb der nächsten zwei Jahre.

Sowohl für die jungen Syrer als auch für die jungen Syrerinnen ist es sehr wichtig, zu heiraten und Kinder zu bekommen – eine Familie erhöht den Stellenwert in der Gesellschaft. Ich helfe seit über einem Jahr einem jungen Paar aus Syrien. Die beiden hatten kurz vor der Flucht geheiratet, um zusammenbleiben zu können. Die Frau, fast noch ein Mädchen, wollte unbedingt schwanger werden. Kurz vor ihrem 19. Geburtstag bekam sie ein Kind. Sie wollte von Anfang an Kinder haben, ihr Mann dagegen hätte warten wollen.

Ich habe versucht, sie davon abzuhalten: »Lern zuerst Deutsch und mach eine Ausbildung.« Aber sie sagte jedes Mal: »Ich möchte Kinder haben.« Das stand für sie an erster Stelle. Die Sozialarbeiterin, die die beiden betreute, war nicht gerade begeistert. Natürlich finden jetzt aber alle das Baby sehr süß.

Die familienorientierte Lebenseinstellung vieler Syrer ist hier in Deutschland nicht immer leicht zu vermitteln und sorgt für Diskussionen. Zum Beispiel mit Elena, meiner Co-

Autorin, die nur ein Kind hat. Ich habe ihr von einer syrischen Familie erzählt. Die Frau ist nur sechs Jahre zur Schule gegangen und erwartet hier in Deutschland ihr viertes Kind, und zwar voller Vorfreude.

Elena meinte: »Hätte sie die Schule zu Ende besucht und einen Beruf erlernt, würde sie jetzt ein viertes Kind haben wollen? Das bezweifle ich.«

Ist eine syrische Frau mit Kopftuch, die sich für mehrere Kinder entscheidet, unterdrückt? Das kann ich als Mann schwer beurteilen. Wenn ich meine Eltern vor mir sehe, frage ich mich: Sollte mein Vater zu Hause bleiben und meine Mutter arbeiten gehen? Es gab im Osten Aleppos aber keine Jobs für unsere Mütter, insbesondere nicht für die, die nicht lesen und schreiben konnten. Ihre Aufgaben als Hausfrau und Mutter hätten es auch kaum möglich gemacht, nebenher zu arbeiten.

Es gab außerdem keine Kindergärten, die technische Ausstattung der Haushalte war weitaus schlechter als hier, das Einkaufen mühsamer und so weiter. Also haben sich unsere Mütter und Schwestern auf die Familie und den Haushalt konzentriert. Und das war weitaus zeitaufwendiger als in Deutschland, wo die Kinder betreut werden können, während Mutter und Vater Deutsch lernen, eine Ausbildung machen oder arbeiten gehen. In einer großen Stadt wie Hamburg gibt es zahlreiche Supermärkte um die Ecke und Busse und Bahnen, mit denen man schnell beim Kinderarzt ist, Gas und Wasser kommen aus der Leitung, es gibt arbeitssparende Geräte wie Spül- und Waschmaschinen. Der Alltag unserer Mutter sah anders aus. Sie hat im Grunde genommen so hart gearbeitet wie unser Vater – in dieser Hinsicht waren sie gleichberechtigt.

»Aber was passiert, wenn die Frau und die Kinder in Syrien vom Vater verlassen werden?«, fragte mich Elena. So was kommt natürlich vor, wenn auch selten. Deswegen ist es bei der Heirat sehr wichtig, dass die Braut mit ihrer Aussteuer ein ordentliches »Startkapital« bekommt – eine Art »Versicherung« für den Fall, dass die Ehe scheitert. Außerdem kann sie im Regelfall mit der Unterstützung der eigenen Eltern und der Schwiegereltern rechnen. Jedoch habe ich in meinem Umfeld in Syrien relativ wenige Trennungen erlebt, erheblich weniger als in den letzten drei Jahren, in denen ich in Deutschland lebe.

Ich frage mich manchmal, ob Frauen und Männer hier wirklich so gleichberechtigt sind, wie das behauptet wird. Zum Beispiel, wenn es um gleichen Lohn für gleiche Arbeit geht, von dem man in der privaten Wirtschaft immer wieder liest. Oder um Teilzeit, von der fast nur Frauen betroffen sind. Denn entscheidet sich eine Frau, Mutter zu werden und berufstätig zu bleiben, ist sie automatisch benachteiligt, weil sie weniger verdient und sich einer Doppelbelastung ausgesetzt sieht. Ich habe großen Respekt vor Frauen, die beides schaffen. Jedoch scheint mir die gesellschaftliche und finanzielle Anerkennung für ihre Arbeit als Mütter und Teilzeitberufstätige relativ gering. Das spüre ich manchmal bei privaten Treffen, wenn jemand fragt: »Und was machst du?«

»Ich kümmere mich um meine Kinder, um den Haushalt und habe einen Minijob.«

Meistens hört man dann Kommentare wie: »Den ganzen Tag Kinder und Haushalt? Das könnte ich nicht.«

Aber wenn die Mutter ein Foto von dem neugeborenen Kind zeigt, sind alle sofort begeistert: »Oh, wie süß!«

In Syrien ist es verbreiteter, dass eine Frau nicht mehr arbeiten muss, wenn sie mehrere Kinder hat – sie kann aber natürlich, wie eine meiner Lehrerinnen. Frau Hala, unsere palästinensische Lehrerin für arabische Literatur, zeigte uns selten Fotos ihrer Kinder. Wir kannten die beiden Knirpse persönlich ziemlich gut, denn es geschah häufig, dass wir Schüler mit ihnen in der Pause spielten. Frau Hala brachte sie nämlich oft in die Schule mit. Sie blieben erstaunlich ruhig im Unterricht zwischen uns Großen sitzen, freuten sich auf die Pause, bis sie vom Vater abgeholt wurden.

Ich, der damalige Sechstklässler, fand unsere Lehrerin nicht nur unglaublich intelligent, sondern auch sehr attraktiv, vielleicht, weil sie mich an eine meiner Lieblingstanten mütterlicherseits erinnerte. Sie hatte eine helle Gesichtshaut, wovon viele Syrerinnen träumen, glaube ich jedenfalls. Das wusste sie wahrscheinlich zu schätzen, denn einmal, als ich nach dem Fußballspielen wieder in den Unterricht kam, meinte sie lachend zu mir: »Faisal, spiel nicht so lange in der heißen Sonne, dann wirst du noch brauner als jetzt.«

Seitdem weiß ich, dass es kein Kompliment ist, zu einer syrischen oder arabischen Frau zu sagen: »Du bist aber schön braun geworden.« Wenn ich hingegen einer norddeutschen Kollegin oder Bekannten nach ihrem Urlaub sage: »Du bist aber schön braun geworden«, dann freuen sie sich immer sehr.

Als ich aus meinem Sommerurlaub in Finnland zurückkam, sagten auch alle zu mir: »Du bist aber braun geworden!« Ob das im syrischen oder im deutschen Sinne gemeint war? Da bin ich mir nicht ganz sicher.

Es kommt aber auch vor, dass ich aufgrund meines südländischen Aussehens manchmal auf Misstrauen stoße, insbesondere nach einem Terroranschlag. In den letzten zwei Jahren gab es viele Schreckensmeldungen über Attentate, die das Bild über uns arabischstämmige Neuankömmlinge leider negativ beeinflussen. Doch lasse ich mich nicht entmutigen und sage mir nach jedem schrecklichen Ereignis, dass das Leben weitergeht, weitergehen muss. Und das Beste, was ich gegen Vorurteile und Misstrauen tun kann, ist, meine zweite Heimat mitzugestalten.

15. Vom Glück, Steuern zu zahlen

Eine der wichtigsten Vokabeln, die man hier als legaler Einwanderer lernt, besteht aus 27 Buchstaben. Eine Woche nach meiner Anmeldung beim Bezirksamt in Hamburg bekam ich ein Behördenschreiben, in dem mir meine Steueridentifikationsnummer mitgeteilt wurde, kurz IdNr oder auch Steuer-ID. Diese besteht aus elf Ziffern und gilt offenbar lebenslang, oder jedenfalls, solange ich in Deutschland leben und arbeiten darf. Zu dem Zeitpunkt wusste ich noch nicht, wozu ich diese Nummer brauche und wie sehr ich mich freuen würde, sie eines Tages endlich einem Arbeitgeber vorlegen zu dürfen. Als ich in Berlin auf einer Baustelle anheuerte, dessen Bauleiter diese Nummer wissen wollte, habe ich die halbe Nacht geübt, um das Wort richtig auszusprechen.

Den Begriff Steuer kannte ich zwar aus Syrien, aber eher den *Zakat* – die sogenannte Armensteuer, die alle gläubigen Muslime freiwillig entrichten sollen. Dass auch der Staat eine Steuer einsammelt, um damit das Gemeinwesen zu finanzieren – davon habe ich theoretisch gewusst, aber es nie selbst erlebt. Ich hatte schon in Syrien als angestellter Physiotherapeut gearbeitet, doch auf meiner Lohnquittung standen weder Abgaben für die Steuer noch für die Kranken- oder Rentenversicherung. Der Unterschied zwischen Brutto- und Nettoeinkommen ist mir erst in Deutschland klar geworden.

Es dauerte allerdings eine Zeit, bis ich meine Steuer-ID brauchte. Die Arbeitgeber bei meinen ersten Gelegenheitsjobs waren nicht besonders an dieser Nummer interessiert. Ich fand das nicht weiter befremdlich. Den Unterschied zwischen regulären Arbeitsverhältnissen und Schwarzarbeit macht man in Syrien nicht – dafür ist das, was man in Deutschland regulär nennt, zu selten. Die Einzigen, die Steuern und Sozialabgaben zahlten, waren meines Wissens die Beamten im Staatsdienst: Lehrer, Polizisten, Geheimdienstmitarbeiter, das medizinische Personal in staatlichen Krankenhäusern und Verwaltungsangestellte. Diejenigen, die wirklich etwas verdienten, wie Ärzte in Privatpraxen, vermögende Kaufleute oder Fabrikbesitzer, wurden nicht mit Steuerforderungen belästigt. Aber auch einfache Bauarbeiter wie mein Vater mussten keine Steuer zahlen. Wenn man es mit einem deutschen Begriff erklären wollte: Ein Großteil der Bevölkerung verdiente weniger als die Höhe des Steuerfreibetrags. Man konnte nur hoffen, dass sie wenigstens eine angemessene *Zakat* bezahlten.

Als ich meine Steuer-ID erhielt, war mir auch nicht klar, dass mich allein diese Nummer von vielen anderen geflüchteten Landsleuten unterschied, die einen Antrag auf Asyl gestellt hatten. Ich war zwar auch geflüchtet, hatte aber das Glück gehabt, legal einreisen zu können, weil für mich gebürgt wurde. Auch ich wartete darauf, meinen genauen

Aufenthaltstitel zu erfahren, aber da ich bei einer deutschen Familie gemeldet war, konnte ich theoretisch sofort arbeiten gehen. Allerdings noch lange nicht als Physiotherapeut, wie ich zu Beginn ganz naiv gedacht hatte.

Es war klar, dass ich, ohne die Sprache zu beherrschen, nicht mit Menschen arbeiten konnte – also nahm ich diese Aufgabe als erste in Angriff. Da die Kurse in Berlin günstiger schienen und mich dort hilfsbereite Freunde in ihr Haus aufnehmen konnten, zog ich in die Hauptstadt. Voller Optimismus stürzte ich mich auf die verschiedenen Niveaustufen, die auf mich warteten: A1, A2, B1, B2 etc.

Als ich drei Monate später stolzer Besitzer des DSD, des deutschen Sprachdiploms A2, war, fragte ich meinen Gastvater, wo ich nun hingehen müsse, um meine berufliche Qualifikation anerkennen zu lassen.

»Lass uns erst mal im Internet recherchieren und dann dort anrufen«, antwortete er. Das war für mich etwas fremd. Sollten wir nicht einfach direkt hingehen?

Das sehr nette Telefonat mit der Sachbearbeiterin in der zuständigen Behörde dauerte nur fünf Minuten, und zwei Tage später lagen die nötigen Unterlagen im Briefkasten. Aus den Formularen entnahm ich, dass ich zum Ausüben meines Berufes mindestens das Sprachniveau B2 brauchte. Mit A2 verfügte ich zwar über ein gutes Maß an »Hör- und Leseverständnis«, beherrschte einen passablen Wortschatz und hatte gute grammatikalische Kenntnisse, aber es reichte bei Weitem nicht zum Arbeiten. Noch ahnte ich nicht, wie viele weitere Sprachtests und sprachliche sowie berufliche Qualifizierungskurse auf mich warten sollten.

Wieder zurück in Hamburg, suchte ich mithilfe von Freunden die Behörde für Gesundheit und Verbraucherschutz auf, in der sich eine sehr nette Sachbearbeiterin meines Falls annahm. Ich könne mich ohne Weiteres in einer Praxis oder in einem Krankenhaus bewerben, aber noch fehle die Anerkennung meiner beruflichen Qualifikation. Dafür bräuchte ich einen detaillierten Studiennachweis meiner Uni in Aleppo. Ich hatte zwar mein Diplom und ein paar Teilnahmebestätigungen aus Fortbildungen dabei, aber keinen Nachweis, wie viele Stunden theoretischen und praktischen Unterrichts ich während meiner Ausbildung insgesamt absolviert hatte.

Ich war am Boden zerstört. Es schien praktisch unmöglich, dieses Papier zu besorgen. Nach Aleppo reisen konnte ich nicht, meine Eltern und Geschwister waren selbst auf der Flucht und meine Freunde und Kommilitonen über die ganze Welt verstreut.

Die Sachbearbeiterin fragte hoffnungsvoll, ob ich denn nicht in der Universität anrufen oder per Mail fragen könne, ob sie mir die Bescheinigung per E-Mail schicken könnten. Ich lächelte nur und winkte ab – das hatte keinen Sinn. Aber ich wollte ihre Zeit nicht mit langen Erklärungen vergeuden. Zwischen der Realität in Syrien und der Vorstellungswelt der Deutschen lagen manchmal Welten.

Übrigens habe ich auch von absurderen Anforderungen gehört. Ein syrischer Zahnarzt hatte seinen Studiengang lückenlos dokumentiert. Aber die Ärztekammer verlangte eine Bescheinigung der deutschen Botschaft in Syrien, dass es sich bei der Universität Damaskus um eine seriöse Einrichtung handele. Dass es in Syrien gar keine deutsche

Botschaft mehr gibt, interessierte die Kammer nicht. Ersatzweise könne er eine zweijährige Nachqualifikation absolvieren. Manchmal geht es wohl auch darum, einen lukrativen Arbeitsmarkt möglichst wirkungsvoll gegen Neulinge abzuschirmen.

Zum Glück wurden in den Hamburger Alten- und Pflegeheimen händeringend Aushilfen gesucht, und so fand ich eine freie Stelle in einer netten Einrichtung. Ich war sehr zufrieden, denn ich konnte mit Menschen arbeiten und zugleich den hiesigen pflegerisch-medizinischen Arbeitsmarkt kennenlernen. Und dazu noch den so dringend benötigten Kontakt zu Deutschen haben. Ich war sehr stolz, als ich meinen ersten richtigen Arbeitsvertrag unterschrieb, der mir sogar Urlaubs- und Weihnachtsgeld zusicherte. Ein paar Tage später bekam ich einen Brief mit folgender Begrüßung: »Herzlich willkommen in der gesetzlichen Rentenversicherung«, und es folgte wieder ein ellenlanges Wort: Rentenversicherungsnummer. Viel später begriff ich, dass diese identisch ist mit der Sozialversicherungsnummer. Diese Kombination aus Buchstaben und Zahlen würde ich ebenfalls ein Leben lang behalten und vielleicht sogar eines Tages hier eine Rente bekommen. Nun brauchte ich unbedingt einen zweiten Ordner für meinen immer größer werdenden Papierkram. Wie hatten wir in Syrien überhaupt leben können, ganz ohne Ordner, Hefter und Stehsammler?

Zwischendurch hoffte ich weiterhin, jemanden finden zu können, der mir den ersehnten Studiennachweis aus Aleppo beschaffen konnte. Und nach monatelangem Telefonieren und vielen WhatsApp-Nachrichten konnte ich tatsächlich jemanden ausfindig machen: Der Vater einer meiner ehemaligen kleinen Patientinnen schrieb mir, dass sie zur Uniklinik in Aleppo fahren müssten. Zum Glück liegt die Universität im Westen der Stadt und hat keine Kriegsschäden davongetragen. Als er hörte, dass ich Hilfe brauche, bot er mir an, dieses Papier zu besorgen und es mir als PDF-Dokument zu mailen. Und das hat tatsächlich geklappt!

Ich habe es also den Eltern einer ehemaligen Patientin zu verdanken, dass ich hier als Physiotherapeut arbeiten darf! Kurz vor dem Krieg hatte ich ihre kleine Tochter im Therapiezentrum ab und an kostenlos behandelt, weil sie wenig Geld hatten. Ich hatte mich mit der Familie angefreundet und ahnte damals nicht, dass ich eines Tages ihre Hilfe brauchen würde. Was wohl passiert wäre, wenn ich diesen Nachweis nicht bekommen hätte?

Aus der Bescheinigung war allerdings klar ersichtlich, dass es gewisse Unterschiede zwischen meiner Ausbildung und den hiesigen Anforderungen gibt.

»Machen Sie sich keine Sorgen«, beruhigte mich die nette Sachbearbeiterin aus der BGV, »Sie haben Glück, denn wir bieten gerade eine neue Qualifizierungsmaßnahme an, und zwar in einem der größten Krankenhäuser der Stadt.«

Also begann ich eine APQ zu besuchen, eine Anpassungsqualifizierung für Gesundheitsberufe, worüber ich unglaublich glücklich war. Denn natürlich unterschieden sich die physiotherapeutischen und medizinischen Standards in Hamburg und Aleppo, allein schon, was die Hygienevorschriften und das Equipment betrifft. In diesen sechs Monaten Berufspraktikum wurden meine Fähigkeiten geprüft und verbessert, und ich habe sehr viel dazugelernt. Ich war einer der ersten drei APQler in unserem Krankenhaus. Jetzt, zwei Jahre später, unterstütze ich selbst einen solchen auf unserer Station.

Es war keine leichte Zeit. Tagsüber APQ, abends und am Wochenende Altersheim und Praktikum in einer physiotherapeutischen Praxis. Und zwischendurch den »Deutschmuskel« trainieren und fleißig mein Wort des Tages pauken. Hätte ich Kinder, um die ich mich kümmern müsste, wie viele geflüchtete Frauen und Männer, wäre dies zu einem wahren Drahtseilakt geworden.

Es gibt Zeiten, in denen sich alles gegen einen zu wenden scheint. So ein Monat war der April 2016. Ich hatte die APQ erfolgreich hinter mich gebracht und einen Arbeitsplatz im selben Krankenhaus bekommen.

Seit es wärmer geworden war, war ich aufs Fahrrad umgestiegen, auch weil es günstiger ist. Ich hatte das Fahrradfahren zwar erst hier in Deutschland gelernt, fühlte mich aber auf dem Drahtesel schon sehr sicher. Was konnte mir schon passieren auf den tollen deutschen Fahrradwegen? Und doch habe ich die nassen Straßen unterschätzt. Als mein Fahrrad ins Rutschen kam, dachte ich nur eins: Bitte nicht auf den Kopf fallen, sonst sind die ganzen deutschen Wörter weg. Und weil mein Stoßgebet erhört wurde, hatte ich die Gelegenheit, beim Gipsanlegen neue nützliche Fachwörter zu lernen. Zum Glück hatte ich nur ein gebrochenes Ellenbogengelenk. Eine lächerliche »Radiusköpfchen-Fraktur«.

»Na, Faisal«, fragte mich eine meiner Lieblingskolleginnen, als ich mit dem Gipsarm vorbeikam, um meine Krankmeldung abzugeben, »du hast Fahrradfahren wohl erst in Deutschland gelernt, was?«

»Nein, das konnte ich schon in Syrien«, schwindelte ich, denn die drei Male, die ich mit zitternden Händen auf dem Fahrrad eines Nachbarn gesessen hatte, konnte man nicht als Fahren bezeichnen.

Ich hatte wieder mal Glück im Unglück, denn gerade einen Monat vor dem Unfall hatte ich meinen Arbeitsvertrag unterschrieben. So war ich abgesichert und konnte mich krankschreiben lassen – anders als mein Vater damals.

Die drei Wochen mit dem Gips kamen mir endlos vor, und manchmal hatte ich Juckreiz und Schmerzen. Aber all das erschien mir lächerlich im Vergleich zu dem, was meine Eltern und die Kinder meiner Brüder in diesem Frühling 2016 durchmachten: Aufgrund der Kriegswirren hatten sie kaum etwas zu essen und zu trinken, und sie versuchten verzweifelt, irgendwie aus Syrien zu fliehen.

Das einzig Gute an meiner Krankschreibung war, dass ich Zeit hatte, zur Ausländerbehörde zu gehen, um meine zweijährige Aufenthaltserlaubnis verlängern zu lassen. Ich hatte zwar noch drei Monate Zeit bis zu deren Ablauf, aber was sprach dagegen, sich rechtzeitig darum zu kümmern? Zumal ich ja nicht arbeiten konnte.

Da mein rechter Arm gebrochen war und ich nicht schreiben konnte, kam eine gute Freundin mit – zum Glück.

»Sie hätten auch allein kommen können«, begrüßte mich die Sachbearbeiterin.

»Ja, aber ich kann mit dem gebrochenen Arm nicht schreiben.«

»Aber nächstes Mal kommen Sie bitte allein.«

Der berühmte schlechte Tag, dachte ich, nur nicht aufregen, Faisal! Da ich einen Arbeitsvertrag für ein halbes Jahr und dazu einen frischen Mietvertrag und Sprachzertifikate hatte, machte ich mir wegen der Verlängerung keine Sorgen.

Die gute Freundin war tatsächlich nur mitgekommen, um mir beim Ausfüllen des Antrags zu helfen. Aber nun wurde sie Zeugin dessen, was die Beamtin mir erklärte: Mir stünde keine Verlängerung zu.

»Wie, keine Verlängerung?« Die Freundin war schneller als ich. Mir sackte erst mal das Blut vor Schreck in die Beine.

Die Gesetzeslage habe sich in der Zwischenzeit geändert, wurden wir aufgeklärt.

»Und was mache ich, wenn meine Aufenthaltserlaubnis abläuft? Dann habe ich ja keine gültigen Papiere mehr!«

Daraufhin bekam ich von der Sachbearbeiterin den Tipp, mich an die syrische Botschaft in Berlin zu wenden, um dort einen Pass zu beantragen. Ich war sprachlos: Ich war doch zwei Jahre zuvor aus diesem Syrien in die Türkei geflüchtet, um dann mit viel Glück nach Deutschland zu gelangen. War dieses Glück nun vorbei?

»Aber ich bin doch vor dieser Regierung geflüchtet! Wie kann ich zu deren Botschaft gehen und dort Papiere beantragen? Und auch noch 400 Euro Gebühr bezahlen?«

Das sei mein Problem und nicht das der Ausländerbehörde. Und im Notfall könne ich ja einen Asylantrag stellen, erklärte mir die Sachbearbeiterin abschließend.

Meine Freundin regte sich auf: »Aber Faisal möchte keinen Asylantrag stellen! Er genießt einen Schutz als Flüchtling.

Es wurde für ihn gebürgt, damit er arbeiten kann und keine Sozialleistungen vom Staat beziehen muss.«

Jetzt wusste ich wieder, was ich sagen wollte: »Vor zwei Jahren wurde mir doch gesagt, dass ich alle zwei Jahre Verlängerung bekommen würde – solange in Syrien Krieg herrscht. Ich habe meinen Arbeitsvertrag, den ich Ihnen zeigen kann.«

Sie könne nichts dafür, dass sich die Gesetze geändert hätten. Ich könne ja, wie gesagt, einen Asylantrag stellen. Das würde mich ja nicht daran hindern, weiter zu arbeiten.

So. Das hatte ich nun also von meinem besonderen Flüchtlingsstatus. Hätte ich damals bloß einen Asylantrag gestellt!

Als ich Elena und ihrem Mann von dieser neuen Entwicklung erzählte, wirkten die beiden ziemlich ratlos. Beim Abendbrot sprachen wir über nichts anderes. Ihr Sohn lauschte mit großen Ohren; ich weiß nicht, wie viel ein Elfjähriger von diesem ganzen Kram versteht – Ausländerbehörde, Arbeitsvertrag, Aufenthaltserlaubnis, Reisepass, Botschaft. Als er wieder ins Wohnzimmer zum Spielen verschwand, rief er uns zu: »Ich weiß, wo Faisal arbeiten könnte.«

»Und wo?«

»Im Miniatur Wunderland.«

»Ja, tolle Idee«, rief Elena zurück. »Und wenn eines Tages seine Neffen aus Syrien zu Besuch kommen, kann er ihnen alles zeigen.«

»Kann ich dann auch mit?«

»Na klar«, sagte ich.

»Kennst du das Miniatur Wunderland?«, fragte Elenas Mann.

»Natürlich. Ich war sogar schon da. Ich versuche mich doch zu integrieren.«

Ich machte meine Späße, aber dachte dauernd nur an das eine: Ich bräuchte jetzt wirklich ein Wunder, damit ich meine Aufenthaltsverlängerung bekomme.

Wenn ich an diese Tage des Wartens und der Ungewissheit denke, erinnere ich mich vor allem an meine ständige Unruhe und Nervosität. Was kann ich unternehmen, wohin kann ich mich wenden? Stimmt es wirklich, dass sich die Gesetze geändert haben? Kann ich dem Anwalt vertrauen, bei dem ich zur Beratung war? Hat er wirklich genug Erfahrung mit dem Asylrecht und meinem rechtlichen Status? Vielleicht sollte ich doch einen Asylantrag stellen? Und dann? Sie könnten mich jederzeit an einen anderen Ort in Deutschland schicken, irgendwohin, und dann bin ich meinen Job los, für den ich so lange gekämpft habe.

Viele Bekannte und Freunde sorgten sich mit. Elena gab mir den Tipp, eine Veranstaltung des *Hamburger Abendblatts* zu besuchen, ein Flüchtlingsforum. Ich war fest entschlossen, hinzugehen und auf mein Problem hinzuweisen. Innensenator, Sozialsenatorin, sogar der Bürgermeister wurden erwartet. Ob es hilft, sie direkt anzusprechen? Zum Schluss verließ mich die Kraft, und ich ging doch nicht hin.

Ich erinnerte mich auch an die ganzen Szenarien, die mir durch den Kopf gingen. Würde ich Asyl beantragen, würde ich alles dafür geben, bei meinen Brüdern in Hamburg zu bleiben. Und vor allem – meinen Job zu behalten. Ich stellte mir schon vor, wie ich ehrenamtlich auf der Station arbeiten und mich damit bei meinen Kollegen unbeliebt machen würde, die ab sofort nicht mehr mit reden würden. »Jetzt arbeitet der Flüchtling auch noch ohne Geld.« Zum Glück trat dieses Szenario nicht ein.

»Gut, dass Sie keinen Asylantrag gestellt haben«, sagte mir der Anwalt, als alles vorbei war und ich meine Verlängerung doch bekommen hatte. Er kannte sich doch ganz gut im Asylrecht aus. »Von der Antragstellung bis zur Bearbeitung können sechs bis sieben Monate vergehen, und währenddessen hätten Sie tatsächlich nicht arbeiten dürfen.«

Seit der Aufregung um die Verlängerung sind anderthalb Jahre vergangen, mein Arm ist wieder heil, das Fahrrad längst wieder in Betrieb und schon mehrmals repariert worden. An die nächste Aufenthaltsverlängerung, die in sechs Monaten ansteht, versuche ich nicht zu denken. Seit damals sehe ich in den Augen der Behörden noch integrierter aus, weil ich mehr Zertifikate in der Hand habe. Und außerdem trage ich meistens einen Fahrradhelm. Doch Fahrradfahren allein reicht nicht, deswegen mache ich zurzeit den Führerschein; das erhöht meine Chancen auf dem Arbeitsmarkt.

Es war Dienstagnachmittag. Mein Nachbar kam mir im Treppenhaus entgegen, seinen dreijährigen Sohn an der Hand: »Na, Faisal, wie war die Prüfung?«

»Welche genau meinst du?«

»Na ja, die vom Wochenende.«

Ich war nämlich auf einer dreitägigen Fortbildung für Physiotherapeuten außerhalb Hamburgs gewesen.

»Schon längst vergessen. Ich komme gerade von einer anderen Prüfung.«

»Ja, stimmt, du machst ja den Führerschein. Und – bestanden?«

»Nee, heute war nur Theorie. Habe bestanden, aber schwer war sie.«

Ich hatte die Theorieprüfung tatsächlich unterschätzt. So viele Fragen und alles elektronisch – ohne gutes Deutsch ist man da verloren.

Deutschland ist für mich das Land der Prüfungen. Ich lebe hier jetzt seit über drei Jahren und habe diesen Sommer zum ersten Mal eine Woche Urlaub machen können, ohne für irgendeine Prüfung lernen zu müssen.

Wenn ich alle Prüfungen zusammenzähle, die ich hier abgelegt habe, komme ich auf etwa zwölf – also vier pro Jahr. Wenn ich allerdings die Vortests zur Zulassung zu den eigentlichen Prüfungen dazuzählen würde, wären es 24. Sogar um zur theoretischen Fahrprüfung zugelassen zu werden, muss man eine kleine Vorprüfung ablegen. Das Einzige, bei dem es keine Vorprüfung gibt, ist der Einbürgerungstest, den ich hoffentlich eines Tages ablegen darf. Aber vielleicht ändern sich bis dahin ja mal wieder die Gesetze.

16. Sonntag ist Wahltag

Es war kurz vor Weihnachten. Jan und ich fuhren spätabends mit der S-Bahn nach Hause, gut gelaunt nach einem Weihnachtsmarktbesuch mit den Kollegen. Kurz vor dem Hauptbahnhof stiegen zwei Wachleute ein, einen jungen Mann energisch vor sich herschiebend. Einer der beiden schrie uns an: »Macht den Weg frei!«

Ich hatte ihn zuerst nicht verstanden, weshalb er weiterbrüllte, woraufhin Jan rief: »Geht es auch netter?«

Sie brüllten irgendwas zurück, das ich nicht verstand.

Jan gab nicht auf: »So können Sie nicht mit uns reden. Wir sind Bürger dieses Landes!«

Sie bedachten uns mit finsteren Blicken, hielten aber den Mund, bis sie ausstiegen. Jan regte sich furchtbar auf: »Wo sind wir denn?! Was denken die sich, wer die sind!«

Ich gab ihm recht: Es war nicht gut, wie sich die Sicherheitskräfte aufgeführt hatten. Innerlich wunderte ich mich jedoch über Jans heftige Reaktion. Ich kannte aus Syrien noch ganz andere Töne. Dagegen war das hier geradezu harmlos gewesen.

Doch Jan ließ sich das nicht gefallen. Offenbar kannte er

dieses Gefühl nicht, dass man sich vor Autoritäten ohnmächtig fühlt.

Wären wir in Syrien, hätte ich zu den Uniformierten gesagt: »Alles o.k.«, und mich vielleicht sogar entschuldigt, um nicht zusammengeschlagen oder abgeführt zu werden. Aber mein Freund und Kollege, der nicht unbedingt wie ein Schlägertyp aussah, kämpfte für mein und sein Recht auf eine respektvolle Behandlung.

Ich war ehrlich gesagt etwas neidisch auf seine Reaktion. War er etwa mutiger als ich? Oder hätte ich mich auch mit den Wachmännern angelegt, wenn ich hier aufgewachsen wäre?

An diesen kleinen Vorfall musste ich denken, als die Bundestagswahl 2017 vor der Tür stand. Es waren die ersten Wahlen in Deutschland, die ich miterleben durfte, und ich war ziemlich aufgeregt – nicht nur, weil Politik mein Steckenpferd ist.

»Weißt du schon, wen du wählen willst?«, nervte ich alle Bekannten, Kollegen und Freunde, die mir über den Weg liefen.

Viele von ihnen sagten, dass sie nicht wüssten, wen sie wählen sollten, und überlegten, ob sie überhaupt hingingen. Einige redeten sogar sehr abfällig über die Demokratie und die Möglichkeit freier Wahlen – es würde sich ja doch nichts ändern. Während ich an die Szene mit den Wachmännern dachte, wollte ich sie am liebsten schütteln und sagen: »Seid froh, dass ihr eure Demokratie habt! Kämpft dafür, geht wählen!« Ich tat das natürlich nicht, denn ich wollte mich nicht lächerlich machen. Wer bin ich denn, um ihnen zu sagen, was sie tun sollen?

Ich war noch nie wählen. In Syrien bin ich nicht wählen gegangen, obwohl ich hätte müssen. Ich kann mich an dieses Ereignis auch nicht wirklich erinnern. Ich weiß nur, dass unser Vater immer sagte: »Ihr müsst wählen gehen. Nicht dass jemand mitbekommt, dass wir nicht wählen waren.« Man wurde nicht gefragt: »Wen hast du gewählt?«, sondern: »Warst du wählen?« Seit ich denken kann, konnte man sich zwischen dem Präsidentschaftskandidaten und dem Vorsitzenden der Staatspartei entscheiden, die allerdings ein und dieselbe Person waren. Als im Jahre 2000 unser langjähriger Präsident verstarb, fand endlich ein Machtwechsel statt: Der Vorname änderte sich, der Nachname blieb allerdings derselbe.

Eigentlich sollte man sich ja über einen Generationenwechsel freuen. Aber nach dem Tod des großen Staatsmanns, der 30 Jahren lang regiert hatte, trauerten viele um diesen wie um den eigenen Vater. Andere waren einfach gelähmt vor Angst vor dem, was nach der vermeintlichen Stabilität seiner Regierungszeit folgen würde. Viele befürchteten außerdem, dass der Bruder des Verstorbenen, der in Frankreich lebte, die Regierung übernehmen werde. Man munkelte, der betagte Bruder sei ein Lebemann und ein berüchtigter Frauenheld, der sich allerhand erlaube.

Als die Entscheidung der Partei auf den Sohn des Verstorbenen fiel, war man erleichtert, besonders die Jüngeren im Lande: Es würde einer regieren, der im Ausland studiert und gelebt hatte, dazu noch gelernter Arzt ist! Mediziner genießen auch bei uns hohes Ansehen. Mit dem Sohn würde eine neue, gebildete Elite das Land führen und modernisieren. Dass er eigentlich zu jung für das Präsidentenamt war, schien kein Problem zu sein – Verfassungen können geändert werden, sie sind nicht gottgegeben. Ein Referendum im Sommer 2000 bestätigte den neuen Staatsführer mit 97,29 Prozent.

Zu Beginn des dritten Jahrtausends war die Sowjetunion bereits seit über zehn Jahren zerfallen, und auch die DDR – den früheren Bruderstaat Syriens – gab es schon lange nicht mehr. Auch im restlichen Ostblock waren die Handels- und Geschäftspartner weggebrochen. Natürlich blieben gewisse Kontakte zu Russland bestehen, doch es wehte insgesamt ein kälterer Wind. Privatisierung, Globalisierung, Marktliberalisierung, Digitalisierung: Reformen waren bitter nötig, um Syrien voranzubringen. Und es wurde tatsächlich dauernd über große Reformen geredet, von denen jedoch nur eine winzige Minderheit profitierte.

Der größte Teil der Bevölkerung merkte wenig davon – weder bei der Infrastruktur noch auf dem Arbeitsmarkt. Die wirtschaftliche Lage verschlechterte sich eher. Und so begann es zehn Jahre nach dem Machtwechsel im Land zu brodeln. Die jungen und ungeduldigen Menschen nannten es den »Syrischen Frühling«, die älteren und gesetzteren »Ausschreitungen«. Für die Staatsführung und die Geheimpolizei waren »Volksverräter und Terroristen« am Werk.

Ich finde es hochinteressant, deutsche Bundestagsdebatten aus den 1960er- und 1970er-Jahren zu hören. Da merkt man einerseits, wie lange die Rhetorik des Reichstags nachwirkte und wie zugleich mit den Mitteln der Demokratie dagegen angekämpft wurde. Egal, wie rückwärts- oder vorwärtsgewandt die Kanzler waren: Sie wurden gewählt und wieder abgewählt, sie mussten sich verantworten – meistens jedenfalls. Medien berichteten frei über Unregelmäßigkeiten und Skandale, Gesetze wurden verabschiedet, verändert und neu beschlossen, je nach regierender Mehrheit. Und keiner hatte einen Grund, sich zu beschweren, schließlich repräsentierten die Parteien den Volkswillen, und zwar nicht nur auf dem Papier.

In meiner Heimat gab es neben der regierenden Partei durchaus auch andere, kleinere Parteien, nur kannte kaum jemand deren Programme und die Namen ihrer Politiker. Man nannte sie verächtlich die Mitklatscher, weil sie bei den Reden des Staatschefs im Volksrat – unserem Parlament – immer Beifall klatschten.

Seit der neuen Verfassung, die infolge der Proteste 2012 verabschiedet wurde, gab es theoretisch zum ersten Mal ein echtes Mehrparteiensystem. Praktisch konnten Gegenkandidaten zwar zur Wahl antreten, mussten dafür aber so viele Stimmen aus dem Parlament für sich gewinnen, dass diese Hürde realistischerweise kaum zu nehmen war. Und wenn die zwei Gegenkandidaten auf insgesamt 7,5 Prozent kommen, ist das für mich keine wirkliche Demokratie.

Ich fieberte der Bundestagswahl wirklich entgegen. Es war die erste nach dem denkwürdigen Jahr 2015 – dem Jahr von »Mama Merkel«, wie sie von vielen dankbaren Kriegsflüchtlingen genannt wird. Deswegen waren das irgendwie auch meine Wahlen, auch wenn ich noch keinen Wahlzettel ausfüllen durfte. Und wenn ich ehrlich bin, stellte ich meine lästige Frage auch, um zu hören, wen meine deutschen Freunde hoffentlich *nicht* wählen würden.

In Syrien durften alle zur Wahl gehen, die gemeldet waren und einen Wahlausweis hatten. Den bekam aber nicht jeder. Es gab ethnische Gruppen, wie z. B. zahlreiche Kurden im Nordosten des Landes, die jahrzehntelang nicht in den Melderegistern standen. Und war man nicht gemeldet, durfte man nicht wählen, geschweige denn eine eigene Partei gründen. Parteiähnliche Gruppierungen auf ethnischer oder religiöser Basis sind sowieso laut Verfassung verboten, bis heute. Übertragen auf Deutschland, dürfte es die CDU und die CSU also nicht geben.

Mittlerweile hat sich auch außerhalb Syriens herumgesprochen, dass die herrschende politische Elite größtenteils einer bestimmten religiösen Gruppe angehört. Stand das nicht im Widerspruch zur syrischen Verfassung?

Waren die friedlichen Demonstrationen in Syrien also der Beginn eines interreligiösen Bürgerkriegs? Das würde mancher wahrscheinlich gerne so sehen. Doch meiner Erfahrung nach, und auch vielen anderen Berichten zufolge, nahmen an den Protesten zwischen 2011 und 2012 Menschen aus allen religiösen oder ethnischen Bevölkerungsgruppen teil. Der Wunsch nach Demokratisierung, Modernisierung und besseren Lebensbedingungen war in allen Schichten und Regionen vorhanden. Sogar in Städten wie Latakia, in denen viele Regierungsbeamte und Militärangehörige lebten, fanden Demonstrationen statt.

Und dennoch kann es kein Zufall sein, dass die ersten Schüsse gegen Demonstranten in einer eher sunnitisch geprägten Stadt fielen. War hier der Frust besonders groß, sodass die Proteste in Gewalt umschlugen, oder drückte sich da die menschenverachtende Haltung der Machthaber gegenüber jener Bevölkerungsgruppe aus? Man darf jedenfalls nicht vergessen, dass die Menschen sunnitischen Glaubens über 70 Prozent der syrischen Bevölkerung ausmachten.

Als ich meinen Freunden und Kollegen meine »Sonntagsfrage« stellte, bekam ich manchmal auch zur Antwort: »Weißt du eigentlich, dass du dich mit dieser Frage ganz schön unbeliebt machen kannst? Es ist eine höchst private Sache, wen ich wähle und was ich verdiene. Und es ist mein Bürgerrecht, darüber zu schweigen.«

Ich finde diese Äußerung eigentlich sympathisch. Sie zeigt, dass das Recht auf eine eigene Meinung, auch in politischer Hinsicht, ein hohes Gut ist.

Die Angst, belauscht zu werden oder durch politische Äußerungen in Schwierigkeiten zu geraten, kenne ich gut. Viel extremer müssen es die Menschen im »Dritten Reich« erlebt haben, und auf andere Art auch in der DDR. Aber auch nach dem Krieg gab es in Westdeutschland wohl Zeiten, in denen man lieber verschwieg, dass man zum Beispiel mit der KPD, der DKP oder der Sowjetunion sympathisierte. Oder mit anderen verdächtigen Gruppierungen. Man konnte sogar seinen Job verlieren.

Ich frage mich allerdings, ob die allgemeine Bereitschaft, auf Facebook oder Twitter jeden beliebigen Gedanken zu teilen, immer demokratiefördernd ist. Es scheint sehr bequem zu sein, politische oder gesellschaftliche Meinungen in die

Welt zu setzen, ohne sein Gesicht oder seinen Namen zu zeigen. So können Unwahrheiten und Hetze verbreitet werden, ohne dass man als Betroffener die Chance hat, sich zu wehren. Wenn ich dagegen mit den Menschen persönlich über die Wahlen rede, bin ich erleichtert, dass die meisten, die ich frage, mir wenigstens verraten, wen sie *nicht* wählen würden.

Ich diskutiere sehr gern mit Zeitzeugen über deutsche Politik und Geschichte. Denn es ist ein Unterschied, ob ich mir eine Dokumentation über die 68er anschaue oder ob ich mit einer Dame spreche, die mir aus erster Hand erzählt, wie zum Beispiel Frauen auf Demos in den 1970ern ihre BHs verbrannt haben. Besonders beeindruckt es mich, wenn Menschen erzählen, wie sie damals mit ihren Vätern gebrochen haben, weil diese nach dem Krieg ihre rechte Gesinnung weiter offen lebten. Es verlangt unglaublich viel Mut und Stärke, mit den eigenen Eltern zu brechen.

Diesen Konflikt zwischen den Generationen kannte ich aus meiner Gesellschaft so nicht. Auch der ausgeprägte Wunsch, sich mit der Vergangenheit auseinanderzusetzen, ist in Deutschland ungewöhnlich intensiv. Die Jugendrevolte der 68er hat offenbar vieles in Gang gesetzt, das bis heute wirkt. Die jungen Menschen durchbrachen Grenzen und überschritten »rote Linien«, die als unantastbar galten. Die Töchter und Söhne wagten es, die Väter und Mütter zu kritisieren und deren Werte infrage zu stellen.

Ich frage mich, wo Deutschland heute stünde, wenn es seine 68er nicht gehabt hätte. Hätte sich Nachkriegsdeutschland wirtschaftlich und gesellschaftlich genauso gut entwickelt, wenn kritisches Denken nicht möglich gewesen wäre?

Natürlich denke ich dabei auch an mich und mein eigenes Land. Es war bei uns ein gesellschaftliches Tabu, sich gegen die Eltern aufzulehnen. Hat man demzufolge auch Angst, die Politiker und vor allem den Staatschef, den »Vater aller Syrer«, zu kritisieren, wenn man sich nicht traut, seinem eigenen Vater zu widersprechen?

Natürlich gab es auch Auseinandersetzungen zwischen uns Kindern und unserem Vater. Verglichen mit anderen syrischen Familien, geschah das bei uns wahrscheinlich eher selten. Da wir sehr engen Kontakt zu vielen Nachbarn hatten, hatten wir auch einen guten Einblick in das Familienleben der anderen. Es gab einige, die mit ihren Kindern viel zu streng waren, und andere, deren Söhne dauernd aus der Reihe tanzten. Aber trotzdem sprachen die meisten Jugendlichen mit Respekt von ihren Eltern – egal, was bei ihnen zu Hause los war.

Ich würde nicht sagen, dass mein Vater sehr autoritär war. Er forderte uns immer auf, unsere Meinung zu sagen. »Was meint ihr?«, war einer seiner Lieblingssätze. Es waren wir Kinder, die uns selbst nicht gestatteten, ihm zu widersprechen. Wir wollten unseren Vater nicht verletzen, der sich für uns aufopferte. Es war ihm sehr wichtig, dass wir zur Schule gingen und Bildung erlangten, auch wenn das finanziell für meine Eltern sehr schwer zu stemmen war. Und es gab noch einen weiteren Grund für unseren Gehorsam. Es gilt bei uns als Sünde und Respektlosigkeit, nicht auf seine Eltern zu hören. Nicht zufällig heißt es im Koran: Der Muslim ist verpflichtet, gegenüber seinen Eltern gütig zu sein, ihnen zu gehorchen und sie auf die beste Weise zu behandeln – sogar, wenn seine Eltern nicht gläubig sind. Auch viele Gebete erinnern einen daran, dass den Eltern immer Dank und Ehre gebührt.

Der demonstrative Respekt gegenüber den Älteren ist sicher nichts typisch Syrisches. Auch während meines Aufenthalts im Süden der Türkei habe ich oft beobachtet, wie man ihnen durch einen Handkuss oder eine leichte Verbeugung Respekt erweist. Unserem Vater und meiner Mutter mussten wir nie die Hand küssen, wenn wir sie begrüßten. Aber es war selbstverständlich, aufzustehen, wenn ein Erwachsener ins Zimmer kam. Wenn wir im Sommer im Innenhof auf den Teppichen saßen und meine Oma spontan zu Besuch kam oder mein Vater von der Arbeit zurückkehrte, dann hatten wir Kinder aufzustehen. Das ist bis heute ein Automatismus bei mir: Man steht auf, wenn Ältere den Raum betreten. So kenne ich das nicht nur aus unserer, sondern auch aus vielen anderen Familien.

Wenn ich deutsche Familien erlebe, höre ich die Kinder selten sagen: »Ja, Papa, du hast recht« oder »Ja, Mama, das mache ich«. Es kommt viel eher: »Nein, das sehe ich anders« oder »Mama, ich habe jetzt keine Lust«. Oder auch: »Lass mich in Ruhe!«

Ich will das nicht kritisieren. Wahrscheinlich haben die heutigen deutschen Eltern andere Erwartungen an ihre Kinder. Unter anderem, weil die 68er mit der Autorität der Älteren gebrochen haben.

In unserer Familie war es selbstverständlich, dass Vater

oder Mutter sagten: »Kannst du mir bitte ein Glas Wasser holen?« oder »Kochst du uns bitte einen Tee?«. Es war klar, dass wir einer solchen Bitte nachkamen und nicht darüber diskutierten. Und auch wenn eine Entscheidung getroffen werden musste, akzeptierten wir in der Regel die Meinung der Eltern.

Hier in Deutschland erlebe ich oft, wie Eltern mit ihren Kindern diskutieren, auch wenn diese noch klein sind. Sie lassen die Kleinen zum Beispiel selbst entscheiden, ob sie zu Fuß gehen oder mit dem Rad fahren wollen, und im Zweifel machen die Großen, was die Kleinen wollen. Auch wenn man manchmal genervte Eltern sieht, die sich von ihren kleinen Tyrannen auf der Nase herumtanzen lassen – solche Eltern sah man übrigens auch in Aleppo –, die Mehrheit scheint mit diesem Erziehungsstil ganz gut zu fahren. Die Großen haben keine Angst, das Gesicht zu verlieren, die Kleinen werden nicht unbedingt als »ungehorsam« betrachtet, weil sie ihren Willen durchsetzen.

Seit ich hier lebe, lerne ich viel über die deutsche Diskussionskultur. Es ist wunderbar, wenn ich Eltern sehe, die auf alle Fragen ihrer Kindern geduldig antworten, egal ob im Bus, in der Bahn oder im Park. Vielleicht werden damit in jeder Generation aufs Neue die Grundsteine der Demokratie gelegt, die ich in dieser Gesellschaft erlebe und oft bewundere. Aber manchmal frage ich mich, was wichtiger ist: seinen Eltern mitzuteilen, was man denkt, um sich durchzusetzen? Oder sich zurückzuhalten, um sie zu schonen? Es gibt darauf sicher keine pauschale Antwort, und jeder muss das für sich selbst entscheiden.

Die Deutschen müssen immer etwas besprechen oder ausdiskutieren. Manchmal hart, meistens aber fair. So wird auch mit den Politikern umgegangen. Im Fernsehen laufen Talkshows, zu denen nicht nur Promis eingeladen werden, sondern auch Regierungsmitglieder. Oft wirken diese Talkrunden wie Miniausgaben einer Bundestagsdebatte. Wenn ein brisantes Thema durch die Medien geht, wie zum Beispiel Einwanderung oder Pflegenotstand, dann werden Vertreter aller parlamentarischen Parteien in die Runde geladen und aufeinander losgelassen. Und die Moderatoren scheinen jeden Standpunkt kritisieren zu dürfen. Solche Polittalks gab es in Syrien natürlich nicht.

Voller Interesse und Neid habe ich als Syrer manch eine Sendung auf dem beliebten arabischen Fernsehkanal *Al Jazeera* bewundert – wie zum Beispiel die berühmten Polittalks meines Namensvetters *Faisal al Qassem*. Gern lässt er Gesprächspartner mit konträren Ansichten im wörtlichen Sinne aufeinander losgehen. Vielleicht sieht er darin eine Möglichkeit, die arabische Diskussionskultur auf Vordermann zu bringen? Unter den arabischen Zuschauern hat er jedenfalls sehr viele Fans – für die arabischen Machthaber aber ist er eine Bedrohung. Nicht umsonst fordern sie immer wieder die Schließung des in Katar angesiedelten Senders.

Solange wir keine eigene Satellitenschüssel hatten, haben wir ab und an bei den Nachbarn *Al Jazeera* geguckt. Kurz vor dem Krieg konnten wir uns eine Schüssel leisten, und ab da gehörte der Sender zu meinen Favoriten, neben *France 24* und *DW Arabica*. Mein Vater begnügte sich lieber mit dem staatlichen Fernsehen. Ausländische Fernsehsender waren ihm suspekt und auch zu gefährlich, und zwar nicht nur, weil die Wände Ohren hatten. Mein Vater war kein ängstlicher Mensch, aber seine Lebenserfahrung hatte ihn gelehrt, dass Reden Silber ist, aber Schweigen Gold. Und weil er um seine Kinder Angst hatte.

Einmal kam er zu mir und fragte: »Dein Bruder raucht, oder?«

»Nein. Wer hat dir das erzählt?«, antwortete ich und verschwieg ihm die Wahrheit. Mein jüngerer Bruder hatte ein paar Wochen zuvor sehr wohl angefangen zu rauchen und uns Geschwister gebeten, ihn nicht zu verraten. Mein Vater, ein starker Raucher, durfte nicht mitbekommen, dass einer von uns nun ebenfalls rauchte.

Warum hatten weder mein Bruder noch ich den Mut, unserem Vater klar ins Gesicht zu sagen: »Vater, warum rauchst du, verbietest es aber deinem Sohn?«

Ich weiß natürlich, was er uns geantwortet hätte: »Ich will nicht, dass ihr denselben Fehler wie ich macht. Wir wollen, dass ihr es besser habt als wir.«

17. Der Westen fing in Kiew an

»Wo ist in deiner Wohnung Süden?«, fragte ich neulich Jan.

»Wieso Süden? Ich dachte, ihr betet immer Richtung Osten. Du kommst doch aus dem Morgenland«, scherzte Jan. Wir zogen meine Muezzin-App zu Rate: Von Hamburg aus liegt Mekka im Südsüdosten, also hatten wir beide recht.

Wenn ich hier in Deutschland Freunde besuche, wissen sie selten, wo genau Süden ist, aber dank meiner App ist es schnell geklärt. Wenn wir in Syrien Besuch hatten, wurde diese Frage sehr oft gestellt. Jeder kennt die Himmelsrichtungen von seinem Haus aus, vor allem weiß man, wo Süden ist, denn Mekka befindet sich ziemlich genau südlich von Aleppo.

Der Süden war der klare Fixpunkt unseres Koordinatensystems. Zur *Kaaba*, dem »Haus Gottes«, in Mekka richtete man seine Gebete, dorthin waren unsere Großeltern und unsere Eltern, wie es der Koran vorschreibt, einmal in ihrem Leben gepilgert – und das würde man eines Tages vielleicht auch selbst tun, zusammen mit seiner Frau.

Wenn wir aber Westen sagten, meinten wir das nicht nur geografisch. Der Westen, das waren für uns Europa und die

USA. Schon in der Schule fingen wir an, uns mit dieser fernen Welt jenseits der Türkei und jenseits des Atlantiks zu beschäftigen. Wenn wir auf dem Weg zur Schule unsere üblichen Wenn-ich-einmal-groß-bin-Gespräche führten, landeten wir meistens beim Westen.

»Ich will in London studieren, wie mein Onkel.«
»Ich will nach Paris, wie meine Tante.«
»Ich will nach Deutschland, wie mein Cousin.«

Wenn man Arzt oder Ingenieur werden wollte, träumte man meist von einem Studium im Ausland. Wollte man Jura studieren, blieb man in der Regel in der Heimat.

Als Schüler hatten wir keine Ahnung, warum es im Westen besser sein sollte. Aber derjenige, der es geschafft hatte, den Westen zu erreichen, dort zu studieren oder zu arbeiten, galt als Glückspilz. Noch glücklicher erschien uns, wer nach dem Studium in Europa bleiben und sich dort ein Leben aufbauen konnte.

Je älter wir wurden und je mehr wir uns damit beschäftigten, desto verzweifelter wurden wir. Einerseits war man der Ansicht, dass einem im Westen alle Chancen offenstünden, wenn man einmal dorthin gelangt war. Andererseits fragten wir uns, wer sich das leisten konnte? Unter meinen Schulkameraden hat nur einer im Westen studiert: in Moskau. Ja, aus unserer Sicht gehörte Russland zum Westen, auch wenn es nicht die erste Liga unserer Träume war. Aber es war eine Alternative zu Westeuropa – vor allem, weil man leichter ein Studentenvisum bekam. Mein Schulfreund konnte dort allerdings nur studieren, weil seine Familie die Kosten von jährlich etwa 2000 US-Dollar aufbrachte.

Ein anderer Freund hatte es noch weiter nach Westen geschafft: Majid studierte in der Ukraine, ein Cousin meines Vaters sogar in Deutschland. Von ihm hörten wir aber wenig.

Wir waren neidisch auf alle, die das Leben »in Demokratie und Freiheit« genießen durften. Im Westen werde jeder, so erzählte man uns, ob gesund oder krank, reich oder arm, ob politisch aktiv oder nicht, vom Staat geschützt. Die Regierung unterdrücke niemanden und achte die Bürgerrechte. Überhaupt sei die Würde des Menschen tatsächlich unantastbar.

Diese Vorstellungen bestätigten sich in Majids Erzählungen. Dennoch war er nach seinem Pharmaziestudium nach Syrien zurückgekehrt. Er fand in Aleppo eine Anstellung als Apotheker und wollte bald eine eigene Apotheke eröffnen und eine Familie gründen.

Wie oft haben wir in seinem kleinen Büro hinter dem Tresen zusammengesessen und uns gegenseitig Musikkassetten vorgespielt, Witze erzählt, Tee getrunken und über seine Reisen geredet. Er wollte mir immer weismachen, dass es nichts Besseres als die Heimat gäbe. Gleichzeitig schwärmte er vom Leben im Westen. Majids Berichte über seine Zeit in der Ukraine, über seine Reisen nach Westeuropa, insbesondere nach Berlin, und über den Schnee in Kiew waren für mich wie eine Sammlung abendländischer Geschichten, meine »Tausendundeine Nacht«.

Bei jedem Treffen löcherte ich ihn mit Fragen: »Was hast du erlebt? Wie hast du dort als Moslem gelebt?«

Majid erzählte, dass er in Kiew auch in die Moschee gegangen sei. Die Imame predigten, man solle sich als Moslem dem dortigen Leben anpassen und trotzdem die »roten Linien« nicht überschreiten.

Was er denn mit »anpassen« meine, wollte ich wissen. Zum Beispiel solle dort niemand auf die Idee kommen, antwortete er, den Chef zu fragen, ob er in der Arbeitszeit beten dürfe. Man müsse seine Gebete einfach später nachholen. Und was die roten Linien betraf: Es gab unter den ausländischen Studenten sehr wohl einige, die dem Wodka und den Mädchen zugetan waren.

Majid hatte nicht dazugehört, erzählte er. Ein bisschen wehmütig wurde mein Freund trotzdem. Er habe eine Verlobte gehabt, doch nicht im westlichen Sinne. Sie seien sogar Silvester zusammen nach Deutschland gereist, um syrische Freunde zu besuchen. Auf dem Foto sahen sie glücklich aus, seine blonde ukrainische Freundin und er, wie sie vor dem Brandenburger Tor das neue Jahr feierten. Er zeigte mir weitere Fotos aus Berlin und sagte: »Sieh dir das an! Das ist die Stadt, die nach dem Zweiten Weltkrieg in Schutt und Asche lag!« In Deutschland hatten ihn besonders die öffentlichen Verkehrsmittel beeindruckt: U-Bahnen, Straßenbahnen, ultramoderne Züge – alle pünktlich und sauber. In Berlin sei allerdings auch vieles andere neuer und besser als in Kiew. Durch Majids Berichte erfuhr und verstand ich zum ersten Mal, dass es zwei verschiedene Europas gab, die sich ganz konkret voneinander unterschieden.

Nach und nach gab Majid mir zu verstehen, wie empört er über die Lage in unserer geliebten Heimat war: »Faisal, ich würde nicht sagen, dass Europa ein Paradies ist. Aber es ist eine andere Welt.«

»Aber, Majid, warum sind unsere Länder nicht so entwickelt?«

»Warte mal, die Wände hier haben Ohren«, flüsterte er und schaute nach, ob in der Apotheke Kundschaft gekommen war. Dann erzählte er weiter: »Weißt du, es gibt auch dort Polizei, aber die ist dafür da, die Menschen zu beschützen, und nicht, um sie zu jagen.«

»Aber es gibt trotzdem Syrer, die zurückkommen, so wie du. Warum?»

»Faisal, es ist nicht einfach, dort Fuß zu fassen. In Westeuropa ist es vielleicht etwas leichter, aber in Osteuropa ist es sehr schwer.«

»Und warum bist du zurückgekommen?«

»Wo meine Eltern sind, da ist meine Heimat.«

Seine kurze Erklärung reichte mir. Ich konnte nachvollziehen, wie schwer es für ihn als Einzelkind war, nicht bei den Eltern zu sein.

In meiner ersten Zeit in Deutschland musste ich oft an Majid denken. Er hatte durchblicken lassen, dass es ihm im Westen nicht immer nur gut gegangen war. Der Wohlstand gebe den Menschen viel, aber er nehme ihnen auch etwas. Die Leute seien weniger hilfsbereit und auch einsamer. Jeder kümmere sich nur um sich selbst. Damals konnte ich nicht so gut verstehen, worin das Problem lag. Im Gegenteil. Ich konnte mir durchaus vorstellen, dass es auch angenehm sein könnte, wenn sich keiner in meine Angelegenheiten mischte.

Vor einem Jahr sah ich ein erschreckendes Video, das von der Polizei in Essen veröffentlicht wurde: Ein 82-jähriger

Mann brach vor einem Geldautomaten zusammen und wurde von mehreren Bankkunden ignoriert. Zum Teil stiegen sie über ihn hinweg, um Geld abzuheben. Keiner rief den Rettungswagen. Nach einer halben Stunde war der Mann tot. Hätte jemand reagiert, wäre er zu retten gewesen. War das ein Zeichen dafür, dass diese Gesellschaft völlig abgestumpft ist?

Ab und an sehe ich mir Sendungen wie »Aktenzeichen XY ... ungelöst« an. Darin wird oft von normalen Menschen berichtet, die sich in betrunkenem Zustand in Mörder und Vergewaltiger verwandeln. Diese schockierenden Berichte lassen mich auch an Majids Worte denken. In Kiew hätten sich die Frauen nachts nicht allein auf die Straße getraut. Aus meinem Vorkriegs-Syrien kannte ich das nicht. Unsere Frauen bewegten sich auch dann, wenn sie spätabends einkaufen mussten oder von der Arbeit kamen, ohne Angst auf den Straßen. Man hörte kaum etwas von Vergewaltigungen oder Überfällen. Vielleicht lag das auch daran, dass unsere staatstreuen Medien keine Quoten mit Gewaltberichterstattung machen wollten, oder es lag an der erhöhten Präsenz von Polizei und Geheimdienst.

Wenn ich hier Reportagen über Verbrechen sehe, frage ich mich, in was für einer Welt ich gelandet bin. Gibt es wirklich so viele Verbrecher in diesem hoch entwickelten Land, oder liegt es einfach an der reißerischen Berichterstattung? Gab es solche Verrückte auch bei uns, nur haben wir nie davon erfahren? Grausame Menschen gab es auf jeden Fall auch in Syrien, wie man aus den Berichten über Kriegsverbrechen und Gräueltaten in den syrischen Gefängnissen weiß. In einer Diktatur ist das Verbrechen staatlich legitimiert.

Ich möchte nicht leugnen, dass der Traum von der großen Freiheit von einigen meiner Landsleute exzessiv ausgelebt wird. Ich bin syrischen und auch Flüchtlingen aus anderen Ländern begegnet, die den Westen vor allem nur mit Spaß verbinden. Manchmal, wenn ich in den arabischen oder türkischen Geschäften in der Nähe des Hauptbahnhofs einkaufen gehe, treffe ich einige von ihnen. Oft sind sie angetrunken und haben ein neues Mädchen an der Hand. Wir wechseln ein paar Worte, und auf meine Frage »Was gibt's Neues?« antworten sie meistens: »Alles wie gehabt.«

»Es scheint echt schwer zu sein, hier einen Job zu finden, mein Freund«, sage ich dann.

»Na ja, mein Deutsch ist ja noch nicht so gut«, zuckt er mit den Schultern und lächelt.

Ich möchte nicht falsch verstanden werden, nicht jeder kann eine Fremdsprache schnell erlernen und eine Arbeit bekommen. Aber für mich bedeutet Freiheit unter anderem, dass ich die Chancen, die sich mir bieten, ergreife – insbesondere, wenn das bedeutet, mich beruflich und persönlich weiterentwickeln zu können.

Die westliche Freiheit kann dennoch verwirrend sein. Ich werde meinen ersten Kulturschock nicht vergessen, als ich – noch ganz frisch in Deutschland – an einem Morgen gegen halb sechs Uhr folgende Szene erlebte: Ich stieg am Berliner U-Bahnhof Französische Straße aus und wollte zum Ausgang, als ich auf dem leeren Bahnsteig ein Pärchen erblickte. Sie standen in einer unmissverständlichen Pose ineinander verkeilt. Ich traute meinen Augen nicht und trat schnell die Flucht in die andere Richtung an. Ich denke nicht, dass die beiden mich gesehen hatten, wahrscheinlich waren sie betrunken oder bekifft. Bis heute frage ich mich jedoch, ob es ihnen egal war, gesehen zu werden. Zum Glück ist mir so etwas bisher nur ein Mal passiert. Die Regel scheint das also nicht zu sein.

Was wusste ich überhaupt über Deutschland und den Westen, als ich hierherkam? In unserem Geschichts- und Geografieunterricht lernten wir vor allem etwas über die Osmanen, die Franzosen und Engländer als ehemalige Kolonialmächte, sowie über die USA und die Sowjetunion beziehungsweise Russland. Über Deutschland und seine Geschichte wussten wir relativ wenig. Auch das Thema Zweiter Weltkrieg und Holocaust wurde in der Schule nur sehr knapp behandelt. Von Deutschland war vor allem dann die Rede, wenn es um Technik oder Wirtschaft ging. Deutsche Produkte seien die besten, hieß es zu Hause oder wenn man mit Freunden sprach.

Als ich mich hier einigermaßen eingelebt und mir einen ersten Überblick über die Lebensart und die Regeln verschafft hatte, wurde mir klar, wie »deutsch« mein Vater war. Obwohl er selbst nie in Deutschland gewesen war, sprach er viel von der deutschen Qualität. Immer wenn wir in der Stadt waren, um Werkzeuge für die Arbeit zu besorgen, fragte mein Vater die Verkäufer, ob *Made in Germany* draufstünde. Hätten wir in Aleppo einen Baumarkt der Marke Bauhaus gehabt – es wäre einer der Lieblingsorte meines Vaters gewesen.

Wir hatten im Viertel Bab Antakya zwei Straßen mit kleinen Eisenwarengeschäften. Mein Vater und ich waren dort oft unterwegs. Auf diesen Einkaufstouren lernte ich das Handeln und Feilschen kennen – und dass die Aufschrift *Made in Germany* den Preis in die Höhe trieb. So wie sich meine Hamburger Freunde auf ein leckeres Essen im syrischen Restaurant freuen, freute sich mein Vater, wenn er sich ein grünes Bosch-Elektrowerkzeug leisten konnte. Die gingen nämlich nie kaputt! So machte ich mit meinem Vater meine erste Erfahrung mit Deutschland, ohne dass ich damals das Wort *Vater*land kannte.

Deutschland war für mich aber auch der Duft von Nivea-Creme. Wenn ich heute die blauen Dosen in der Werbung sehe, denke ich sofort an meine Mutter. Wie sie in unserem Innenhof unter der syrischen Sonne sitzt und sich die Hände und das Gesicht eincremt. Die kleinen, flachen, dunkelblauen Dosen kaufte man entweder in der Apotheke oder in unseren Tante-Emma-Läden. Damals ahnte ich nicht, dass ich eines Tages in der Stadt leben würde, in der diese in aller Welt bekannte Marke vor über 100 Jahren entwickelt worden war. Heute ist Nivea für mich wieder ein Stück Heimat.

Auch der Fußball war für uns Jungs eine Brücke nach Europa. So warteten wir immer voller Freude auf die UEFA Champions League und verabredeten uns dann bei einem Freund, dessen Eltern eine Satellitenschüssel hatten. Mein Ehrgeiz war es, alle FC-Bayern-Spiele zu sehen. Ich bewunderte das sehr ernste Gesicht von Oliver Kahn und träumte von einem Deutschland-Trikot, das ich nie bekam! Seit ich Syrien verlassen habe, schaue ich wenig Fußball, und da ich in Norddeutschland lebe, verfolge ich den FC Bayern immer weniger.

Wurde in der Schule das Thema Europa behandelt, kamen wir meistens auf die Rolle der westlichen Mächte bei der Verhinderung eines großarabischen Staates zu sprechen. *Bilad asch-Scham*, von manchen auch »Großsyrien« genannt, hieß der lose Verbund der arabischen Provinzen im Osmanischen Reich. In ihrem geheimen Sykes-Picot-Abkommen von 1916 teilten Großbritannien und Frankreich die arabischen Provinzen unter sich auf, ohne Rücksicht auf den Willen der einzelnen Völker. Der britische Agent und Schriftsteller T. E. Lawrence, besser bekannt als »Lawrence von Arabien«, der sich für die Unabhängigkeit der Araber einsetzte, war auch bei uns sehr beliebt und sorgt bis heute dafür, dass manche Jungs Lawrence genannt werden. Dem Sykes-Picot-Abkommen ist die Entstehung der »Retortenstaaten« Syrien, Libanon, Palästina, Jordanien und Irak zu verdanken. Wer weiß, wie die heutige arabische Welt mit ihren 24 Staaten und 370 Millionen Bewohnern ohne den Kolonialismus und ohne dieses Abkommen aussähe. Vielleicht gäbe es das heutige Flüchtlingsproblem nicht.

In der Schule lernten wir, dass Syrien auf eine sehr alte Geschichte und Kultur zurückblicken kann. Auf unserem Staatsgebiet wurde vor über 2400 Jahren eine der ältesten Schriftsprachen verwendet: Ugaritisch, benannt nach dem Stadtstaat Ugarit. Uns war bewusst, dass Syrien immer eine wichtige Brücke zwischen Asien, Afrika und Europa gewesen war. Die Seidenstraße war dafür das Synonym und klang wie ein Zauberwort. Unseren Machthabern zufolge waren wir das einzige Land, das den arabischen Nationalismus würdig vertreten könnte.

Aus den Schulbüchern erfuhren wir außerdem, welch großen Beitrag unser Orient zur Entwicklung des Westens geleistet habe. Mit kindlichem Stolz lernten wir die Namen der arabisch-islamischen Wissenschaftler, Mathematiker, Mediziner und sogar Musiker, die ihr reiches Wissen nach Europa exportiert hatten. Gleichzeitig fragten wir uns, warum wir trotz einer glorreichen Vergangenheit heute so leben mussten, wie wir lebten. Und warum lebten die Menschen in diesem sagenumwobenen Westen um so vieles besser, nachdem wir dort einst so maßgeblichen Einfluss genommen hatten?

Ich wusste nicht, ob Harry ein typischer Vertreter des Westens war. Er hatte lange graue Haare, zu einem Zopf gebunden, und tätowierte Arme. Vor ein paar Tagen war er aus dem Krankenhaus entlassen worden und brauchte Hilfe im Alltag. Ich lebte erst seit vier Monaten in Berlin und freute mich auf den kleinen Hilfsjob bei diesem spannenden deutschen Rentner. Denn Harry war ein echter Rocker!

Zum Glück gab es in seiner Straße genug Parkplätze für die vielen schwarzen Motorräder, die ich nur aus westlichen Filmen kannte. Jetzt parkten sie vor dem kleinen Reihenhaus, weil alle Harry besuchen wollten.

Ich dachte, dass solche Menschen keine Kinder hätten, aber seine zwei Söhne und deren Frauen waren oft da, und er schien sehr stolz auf sie zu sein. Seine ganze Wohnung war voll mit gerahmten Fotos von Menschen auf Motorrädern, mal mit, mal ohne Frauen.

Ich war fasziniert von Harry. Obwohl er ziemlich krank

war, hatte er immer einen Scherz auf den Lippen. Er behandelte mich nicht wie einen Fremden, sondern wie einen Freund, ohne Überheblichkeit oder Distanz. Harry schien viele Freunde zu haben, bei ihm war immer was los. Viel mehr als bei den anderen Menschen, die ich in Deutschland schon kennengelernt hatte.

Heute, drei Jahre später, weiß ich, dass Harry etwas Besonderes ist, ein herrlich bunter Vogel. Ich habe bei ihm allerdings einen Kulturschock ausgelöst, als er mich fragte, ob ich die Rolling Stones möge. Als er merkte, dass ich keine Ahnung hatte, wer das war, rief er entgeistert: »Aber von AC/DC hast du wenigstens mal gehört, oder?«

»Nein«, musste ich auch diesmal sagen.

»Dann wird es Zeit«, sagte er, »willkommen in der Hölle«, und drehte seine Boxen auf: »Highway to Hell«.

Ich muss sagen, die E-Gitarren waren mir einfach zu laut. Das war eine Musik, die mich eher nervös machte.

Gern hätte ich Harry altarabische Lautenmusik vorgespielt und vom ersten »Pop-Künstler« der arabisch-europäischen Geschichte erzählt, von *Ziryab*, der arabischen Amsel. Der Musiker und Lebenskünstler wanderte 822 n. Chr. von Bagdad nach Cordoba aus und nahm seine Laute mit. Mit der Urgroßmutter der spanischen Gitarre revolutionierte er die spanische, vielleicht auch die europäische Musik. Er gründete nicht nur eine Musikschule für Frauen und Männer, sondern sah sich berufen, die Cordobesen in die Geheimnisse der Kosmetik, der Körperpflege, des Weingenusses und des Dreigängemenüs einzuführen. Cordoba war damals so etwas wie die Kulturhauptstadt Europas und schien sehr offen für die Einflüsse aus Bagdad zu sein, das damals ein Zentrum der Wissenschaft war. Das Andalusien des 9. und 10. Jahrhunderts verwandelte sich allmählich in eine kleine eurasische Union. Universalgelehrte schrieben über Astronomie, Philosophie, Mathematik, Medizin und Mechanik auf Arabisch. Damit hatte unsere Sprache den Stellenwert, den heute Englisch hat. Neben Muslimen waren auch Juden und Christen an der Forschung beteiligt, Frauen wirkten als Übersetzerinnen oder Bibliothekarinnen. Später wurde dieses andalusische Reich – unter anderem von den deutschen Klassikern – als Vorbild für eine Kultur der Toleranz gepriesen.

Heute ist jedoch wenig von den arabischen Einflüssen die Rede, wenn hier von den Anfängen Europas gesprochen wird. Ich würde mir wünschen, dass sich die Kenntnis über die arabisch-islamischen Wurzeln und ihre Einflüsse auf Europa weiterverbreiten würde, auch in der Schule. Das könnte dazu beitragen, dass die islamischen Länder und deren Kultur nicht nur als böse Macht angesehen werden, aus der lediglich Terror, Fanatismus und Flüchtlinge kommen.

Das Streben nach Wissen ist im islamischen Denken sehr zentral, und zwar »von der Wiege bis zum Grabe«. Derzeit wird das Wort *Jihad* – das Streben nach seelischer Vervollkommnung – von machthungrigen Männern im Namen des Islams missbraucht. Hoffentlich nicht mehr lange!

Wir Araber und Europäer, wir Muslime, Juden und Christen sind uns immer wieder positiv begegnet, lange bevor die ersten »Gastarbeiter« nach Westeuropa kamen. Armut, Krieg und Vertreibung sind schreckliche Fluchtgründe. Dennoch liegt in den heutigen Flüchtlingsströmen aus den arabischen

Ländern auch die Chance für ein neues Kennenlernen und Zusammenrücken – und eine Wiederholung der kulturellen und religiösen Toleranz, wie sie das Andalusien des Mittelalters zu einmaliger Blüte geführt hat.

18. Anruf aus Aleppo

»Und? Hast du mit deiner Familie telefoniert?«

Diese Frage bekomme ich sehr oft gestellt. Ich bin jedes Mal froh, wenn ich sie bejahen kann. Nichts ist schlimmer, als wenn mich über mein Handy gar keine oder schreckliche Nachrichten erreichen.

2011 besaßen wir in unserer Familie zum Glück schon vier Mobiltelefone. Fast alle meine Freunde, Kommilitonen, Kollegen und Verwandten hatten ebenfalls eins. Das war eine große Erleichterung für meine Mutter, denn so waren wir in diesen unruhigen Zeiten immer für sie erreichbar.

Ein Jahr später, im Sommer 2012, hörten wir Schüsse. »Zum Glück weit, weit weg«, sagte meine Mutter. Mein Vater zuckte mit den Schultern und zog nachdenklich an seiner Zigarette. Wir fragten uns, was in den nächsten Tagen noch kommen würde. »Ihr solltet morgen zu Hause bleiben«, meinte meine Mutter.

Gott sei Dank waren meine jüngeren Geschwister und Nichten und Neffen im Haus eingeschlafen, trotz der Hitze, denn normalerweise verbrachten wir in dieser Jahreszeit die Nächte auf der Dachterrasse.

»Faisal, bleibst du morgen zu Hause, oder fährst du zur Arbeit?«, hakte mein Vater nach.

»Nein, ich bleib zu Hause, Vater. Ich habe alle Behandlungen abgesagt. Hoffentlich wird die Lage nicht schlimmer. Und wenn, dann müssen wir hier weg.«

Ich hatte kein gutes Gefühl. Auf meinen Reisen als Kinder-Physiotherapeut hatte ich erlebt, was in den letzten Monaten in den anderen umkämpften Städten geschehen war. Wer konnte wissen, was in Aleppo auf uns zukäme.

»Jetzt ist es ruhiger geworden«, sagte meine Mutter irgendwann und seufzte. »Geht bitte schlafen!« Sie selbst war die ganze Nacht wach geblieben, erzählte uns mein Vater am nächsten Morgen, der die Nacht rauchend verbracht hatte.

Auch ich lag die Nacht über wach und starrte auf mein Handy. Verzweifelt versuchte ich, alle Freunde zu erreichen, die in der Nähe wohnten, und meine Uni-Freunde und Kollegen aus den anderen Stadtteilen. Mit einigen von ihnen war ich auf friedlichen Demos gewesen, und ich war mir ziemlich sicher, dass sie auch gestern Abend irgendwo demonstriert hatten. Leider gingen weder Facebook noch Skype – seit der Nacht war das Internet endgültig tot. Zum Glück schien aber das Mobilfunknetz noch zu funktionieren, so konnte ich ein paar Leute erreichen. Während wir telefonierten, fiel der Strom aus.

Auch meine Kommilitonin Evin konnte ich erreichen. Es waren kurze, makabre Telefonate in der Dunkelheit, in denen wir uns gegenseitig beruhigten: »Alles wird gut, ihr braucht keine Angst zu haben.«

»Wir hoffen, dass sie nicht anfangen, zu bombardieren.«

»Bleibt ihr zu Hause?«

»Bei uns hört man Schüsse, und bei euch?«

»Faisal, ich habe Angst, um uns alle!«

Stromausfall, Internetsperre, schwacher Mobilfunkempfang. Man erzählte, die Regierungstruppen seien abgezogen. Trotzdem hörte man weiter Schüsse. Kein gutes Zeichen.

Am nächsten Morgen wehte ein leichter Wind durch den Innenhof. Die Sonne am blauen Himmel wirkte so beruhigend. Dennoch waren die Menschen in unserem Stadtteil mittlerweile in Angst und Panik geraten. Man rechnete mit dem Schlimmsten.

Draußen hörte man keine Kinderstimmen mehr, die Kleinen durften nur zu Hause spielen. Auf der Straße sah man nur Erwachsene, die mit ihren Handys draußen standen, um einen besseren Empfang zu bekommen.

»Wie ist die Lage bei euch? Sollen wir zu euch kommen?«

Mein Vater und meine Mutter standen neben mir vor der Haustür, während ich mit meinem Onkel mütterlicherseits telefonierte, der im benachbarten Viertel wohnte. In dessen Stadtteil war es unruhiger als bei uns.

»Sie sollen zu uns kommen«, meinten meine Eltern.

Inzwischen verbreitete sich die Nachricht, dass die Freie Syrische Armee unsere Gebiete in Ost-Aleppo zurückerobert habe. Kleine weiße Wolken trieben wie friedliche Schafe am Himmel. Und plötzlich ertönte ein Tosen und Grollen wie ein nahendes Gewitter, und es erschienen zwei schwarze Schatten über unseren Köpfen. Hubschrauber kamen!

»Wir müssen sofort weg!«, sagte ich zu meinen Eltern.

»Nein, ich gehe nirgendwohin! Lieber sterbe ich hier«, antwortete mein Vater.

Stundenlang hörten wir das Knattern der Hubschrauber, die Kinder versteckten sich in den Zimmern und weinten, die Frauen kochten Essen. Mein Vater war hin- und hergerissen – mal wollte er weg, mal wollte er bleiben. Ich musste ihn überzeugen, schnellstmöglich mit der Familie in sein Heimatdorf zu fliehen. Wir hatten noch keine Vorstellung von dem, was hier bald passieren würde. Aber als wir beide auf die Dachterrasse stiegen und die Geschützrohre an den Hubschraubern sahen, hoch über uns, da begannen meine Eltern endlich zu packen. Zum Glück waren vor Kurzem unsere Ziegen verkauft worden, also gab es Platz für die Matratzen und das Nötigste an Gepäck und Lebensmitteln. Der kleine Transporter, auf den mein Vater jahrelang gespart hatte, zahlte sich nun aus. Meine Eltern gingen davon aus, dass wir in ein paar Wochen oder Monaten zurück sein würden.

Der erste meiner Freunde, der Syrien den Rücken kehrte, war mein guter Schulfreund Asif. Nach jahrelanger Odyssee war seine Familie 2005 aus dem Irak nach Aleppo geflohen. 2009 ergriffen sie die Gelegenheit, mithilfe einer christlichen Organisation nach Australien auszuwandern, als irakische Christen waren sie dort offenbar willkommen. Ich begleitete ihn und seine Familie zum Busbahnhof, von wo aus ihre Reise weiter zum Flughafen in Damaskus ging. Wir saßen alle zusammen im Kleinbus eines Freundes und hörten unsere Kassetten mit irakischer Musik. Jeder aus Asifs Familie hielt einen Koffer auf dem Schoß und in der Brusttasche, über dem Herzen, den Pass mit dem Visum für Australien!

Als sie in den Reisebus stiegen, war mir klar, dass wir uns nie wiedersehen würden. Es war eine ruhige, stille Flucht, ohne Panik, ohne Tränen.

Drei Jahre später luden nun meine Eltern mit zittrigen Händen das Nötigste auf unseren kleinen Transporter, um sich in die lange Flüchtlingskolonne aus unserem Stadtteil einzureihen.

Mit Asif telefoniere ich bis heute regelmäßig. Er ruft mich jedes Jahr zum Zuckerfest an, ich ihn zu Weihnachten. Dank Mobilfunk und Viber sind Sydney und Hamburg virtuell nur einen Katzensprung voneinander entfernt.

»Na, Faisal! Was gibt's Neues? Wie geht es deiner Familie? Und dir?«

Seine flapsige Art konnte seinen Stolz darüber nicht verbergen, dass er im Sommer 2017 gerade sein Zahnarztstudium abgeschlossen hatte. Ich freute mich sehr für ihn. Er war im Irak der Klassenbeste gewesen, auch in Syrien schlug er sich prima. Vor allem konnte er sehr gut Englisch, was ihm seinen Neustart in Australien erleichterte. Und nun hatte er sogar sein Diplom in Zahnmedizin!

Mein Bericht fiel bescheidener aus. Ich konnte »nur« von meiner beruflichen Anerkennung als Physiotherapeut und meinem Neustart bei den *Germans* erzählen. Ein bisschen wehmütig wurde ich schon, wenn ich daran dachte, dass mein irakischer Freund die letzten sechs Jahre in Ruhe hatte studieren können. Wo stünde ich heute beruflich, wenn mich der Krieg nicht aus Aleppo vertrieben hätte? Ob ich es geschafft hätte, an der Uni zu lehren, wie Dr. Samer, mein damaliger Physiotherapie-Dozent aus Aleppo?

Dieser rief mich zum Jahresende aus Frankreich an: »Na, Faisal, was macht Almanya? Bist du schon Professor geworden?« Seit er Aleppo verlassen hat, stehen wir in regelmäßigem Kontakt.

Er lachte. Er weiß sehr gut, dass ich als Physiotherapeut arbeite, genauso wie er in seinem französischen Exil. Eine Stelle an der Uni konnte er dort nicht bekommen.

Und dann stellte er mir seine Lieblingsfrage: »Und? Bist du schon vergeben?«

»Nein, ich warte auf den richtigen Moment.«

»Aber warte nicht zu lange, mein Freund. Sonst ist der Zug abgefahren!«

Er machte diese Scherze, weil das so üblich ist. Aber er weiß selbst sehr gut, wie schwer es ist, wenn man mit den Liebsten fliehen muss. Ich bin froh, dass ich momentan Single bin und nur für mich und meine engsten Verwandten kämpfen muss.

Mein ehemaliger Kollege Omar war mit dem Heiraten schneller als ich. Ein paar Jahre älter als ich, erinnerte er mich an meinen Bruder Ali. Der Krieg war bereits seit über einem Jahr im Gange, als wir uns als Freiwillige in einem provisorischen Krankenhaus in Aleppo kennenlernten. Omar träumte von einem eigenen Physiotherapie-Zentrum. Nach ein paar Monaten trennten sich unsere Wege, sein Fluchtweg führte ihn in die Türkei, meiner nach Deutschland. Aber wir blieben in Kontakt. Das Letzte, was ich von ihm hörte, war, dass er in der Türkei als Physiotherapeut arbeitete und es noch nicht geschafft hatte, seine Frau und sein Kind nachzuholen.

Kurz vor Silvester 2017 erreichte mich dann eine dieser gefürchteten Nachrichten: Omar war bei einem Luftangriff ums Leben gekommen. Seine Familie war aus Aleppo nach Idlib geflohen, und als die Lage dort immer schlimmer wurde, wollte er Frau und Kind endlich in die Türkei holen. Das hat er leider nicht mehr geschafft, die Bomben waren schneller.

Zum Glück erreichen mich auch bessere Nachrichten von Freunden aus meiner Zeit in der Heimat. Yara war noch sehr jung, als ich sie kennenlernte. Nachdem sie ihre Mutter bei einem Bombenangriff verloren hatte, war sie aus Aleppo geflohen. Obwohl traumatisiert, engagierte sie sich ehrenamtlich in einem Zentrum für Waisenkinder, in dem auch ich half. Yara vermisste ihre Mutter schmerzlich, trotzdem schlug sie sich tapfer. Sie träumte davon, mit all ihren Geschwistern und dem Vater irgendwo in Sicherheit leben zu können und eines Tages zu studieren.

Neulich schrieb sie mir aus Kanada eine WhatsApp-Nachricht, dass sie ihre erste Englisch-Prüfung bestanden hatte. Sie klang sehr stolz. Wenn wir gelegentlich miteinander telefonieren, spüre ich eine gewisse Traurigkeit in ihrer Stimme. Kanada und die USA sind weit weg und für uns Syrer ziemlich fremd. Yara wäre am liebsten nach Europa gekommen, wie zwei ihrer besten Freundinnen, denn mit Anfang zwanzig hängt man noch sehr an seinen Freunden.

»Hast du überhaupt jemanden, der noch in Aleppo lebt?«, werde ich manchmal gefragt. Mir fallen nicht viele ein. Wenn ich aus Aleppo angerufen werde, dann meistens von Hayat, einer Logopädie-Studentin, die erst nach mir mit ihrem Studium fertig geworden ist. Als ich aus der Stadt floh, ging sie noch zur Uni, als ich nach Deutschland ausreiste, hatte sie schon ihre Abschlussprüfung bestanden, und als ich meine ersten Sprachkurse besuchte, hatte sie bereits eine Stelle als Logopädin gefunden. Allerdings nur auf Stundenbasis.

Wenn ich Aleppo sage, meine ich den westlichen Teil der Stadt, in dem Hayat lebt und arbeitet – in Ost-Aleppo wäre in den Jahren seit meiner Flucht an eine solche relative Normalität nicht zu denken gewesen.

Wir sind nicht eng befreundet, trotzdem telefonieren wir manchmal, und aus diesen kurzen Telefonaten höre ich heraus, dass das Leben auch im Stadtteil der »Sieger« nicht einfach ist. Stromausfälle, steigende Preise, Engpässe in der Wasser- und Gasversorgung und dann das permanente Donnern der Luftangriffe in unmittelbarer Nähe.

Hayat erzählt nicht viel darüber. Sie versucht eher, das Gespräch auf fröhliche Themen zu lenken, wie etwa ihre bevorstehende Geburtstagsparty. Offenbar wird es im heutigen West-Aleppo immer moderner, den Geburtstag zu feiern.

»Schade, dass du nicht kommen kannst, Faisal. In fünf Tagen habe ich Geburtstag. Du wirst mir gratulieren, oder?«

»Wer kommt denn?«

»Ein paar Freundinnen wollen mit mir feiern.«

Wir beenden unser Gespräch mit dem inzwischen üblich gewordenen Wunsch: »Hoffentlich ist der Krieg bald vorbei.«

Ein paar Tage später rief Hayat erneut an und sagte mir, dass sie vor zwei Tagen Geburtstag gehabt hatte. Schon wieder hatte ich den Geburtstag eines Mädchens vergessen! Ich bin, wie gesagt, für Geburtstage nicht geschaffen. Außerdem fällt es mir schwer, an Partys zu denken, wenn ich Ost-Aleppo vor Augen habe. Oder wenn ich mit meiner Schwester spreche und im Hintergrund meine Nichten und Neffen höre, die in kalten Räumen fern von zu Hause schlafen müssen. Trotzdem sehne ich mich nach meiner Geburtsstadt.

Aleppo, im Spätsommer 2012. Schon seit zwei Monaten fliegen Kampfjets des Regimes Angriffe auf die Stadt und bombardieren die eigene Bevölkerung. Auch unser Haus liegt im direkten Zielbereich der Bomber, daher ist es zu gefährlich, hierzubleiben. Meine gesamte Familie ist schon vor Wochen ins Dorf meines Vaters geflohen, aber ich bin nach Aleppo zurückgekehrt, um zu helfen – gerade jetzt wird jede helfende Hand im Krankenhaus benötigt. Dort übernachte ich auch, wenn wir Helfer überhaupt zum Schlafen kommen. Wenn ich nicht gebraucht werde, gehe ich zurück in unser Haus, vorwiegend am Tage. Es fühlt sich so fremd an, ohne die Stimmen meiner Eltern und Geschwister.

An einem solchen Tag kommt Faruq, mein guter Nachbarsfreund, vorbei. Er hilft ebenfalls im Krankenhaus, während seine Familie bei Verwandten in einem anderen Stadtteil untergekommen ist. Faruq steht in der Küche, ich bin gerade in den Innenhof gegangen, um zu telefonieren, als plötzlich ein ohrenbetäubendes Krachen das Haus erschüttert. Eine Rakete, offenbar ganz nah! Ich rufe nach Faruq, er nach mir. Es ist ein Wunder, dass uns nichts passiert ist! Wir laufen auf die Straße und sehen, dass das Nachbarhaus getroffen wurde. Es steht Mauer an Mauer mit unserem Haus – Gott sei Dank, dass unsere Wände noch stehen und dass auch die Nachbarn vor Wochen in eines der Dörfer geflohen sind.

Der Schrecken ist aber noch nicht vorbei. Jeder weiß, dass die Kampfjets oft zurückkehren und die gleichen Stellen erneut bombardieren. Wie alle anderen in diesem Augenblick rennen auch wir um unser Leben, weit weg vom Angriffsort. Zum Glück ist das Krankenhaus, in dem Faruq und ich helfen, nur 30 Minuten zu Fuß entfernt. Dort ist es hoffentlich sicherer.

Ich bin 23 Jahre alt und fest entschlossen, in meiner Stadt zu bleiben und zusammen mit den anderen Helfern im Krankenhaus anzupacken. Noch ahne ich nicht, dass ich in den nächsten anderthalb Jahren zwischen den provisorischen Krankenhäusern in anderen Städten und Ost-Aleppo pendeln werde. Dass ich monatelang nur Brot und Bananen essen werde, umgeben von Leid und Tod, dennoch entschlossen, im Land zu bleiben und das neue Syrien aufzubauen. Und noch ahne ich auch nicht, dass mich der Mut verlassen und mein Überlebensinstinkt siegen wird, denn die Kampfjets der Regierung über uns, die Regierungssoldaten, ihre Verbündeten und die Terrormilizen des IS in den Straßen machen alle Hoffnung zunichte. Anfang 2014 fliehe ich in die Türkei und erreiche ein paar Monate später Deutschland.

Vor dem IS-Terror war auch mein kurdischer Bekannter Hawar geflohen, der in Aleppo Informatik studiert hatte. Hawar stammt aus Kobanê und ist Atheist. Ich hatte viele interessante Diskussionen mit ihm geführt, nicht nur darüber, ob Gott existiert. Als bekannt wurde, dass der IS in die kurdische Stadt an der türkischen Grenze einmarschiert war, habe ich mehrfach versucht, ihn zu erreichen – vergeblich.

Ende 2014, ich war schon in Deutschland, meldete sich Hawar endlich, mit einer guten und einer schlechten Nachricht. Seine Familie hatte es geschafft, aus Kobanê zu fliehen, aber sein jüngerer Bruder nicht. Er war geblieben, um die Stadt zu verteidigen, und wurde leider getötet. Ich habe lange nichts mehr von Hawar gehört.

Warum musste Hawar seinen Bruder verlieren? Warum mussten und müssen so viele unschuldige Menschen leiden? Nach all diesen Jahren und den schlimmen Nachrichten denke ich zurückschauend an den Vater von Faruq, meinen Freund aus der Nachbarschaft. Onkel Abu Faruq hatte uns davor gewarnt, von einem besseren Leben zu träumen. Als ob er alles geahnt hätte.

Es war nach den ersten Demonstrationen 2011. Ich war zu Faruq nach Hause gegangen, um Tee zu trinken und über die Lage zu sprechen. Wir waren aufgewühlt, fast euphorisch. Mein Freund und ich freuten uns, dass in Syrien endlich etwas Positives geschah, so wie in Tunesien und Ägypten. Der Vater von Faruq hingegen war der Ansicht, dass es nicht gut für das Land sei, wenn die Syrer auf die Straßen gehen.

»Faisal, komm, lass uns wie Freunde reden.« Er klopfte mir auf die Schulter.

»Gut, *Ammu*, Onkel.«

»Was denkt ihr, wie die Regierung auf die Demos reagieren wird?«

»Irgendwelche Reformen wird es schon geben. Es kann nur besser werden!«, antwortete ich.

»Nein, Faisal, es wird anders kommen!«, und sein Gesicht verdüsterte sich: »Viele Syrer werden ihr Land verlassen, ihre Häuser werden leer stehen, falls sie überhaupt noch existieren. Viele werden nur davon träumen können, ihr Land, ihre Stadt und ihre Straße wiederzusehen. Ich hoffe, ich irre mich.«

»Nein, das glauben wir nicht. Die Regierung hat doch die Bereitschaft zu Veränderungen signalisiert. Sie können das Rad nicht zurückdrehen!«

Abu Faruq zog immer wieder an seiner Zigarette.

»Aber denkt dran, Krieg ist grausam. Familien werden getrennt. Stellt euch vor, ihr würdet eure Eltern und Geschwister nie wiedersehen.«

Faruq traute sich, zu widersprechen: »Aber, Vater, sollen wir ewig schweigen und diesen Stillstand ertragen?«

»Die Lage wird eskalieren, mein Sohn. Und Syrien könnte zwischen den Großmächten zermalmt werden. Denkt daran.«

Er blickte zu Boden und sagte: »Möge Gott euch und Syrien beschützen!«

Ich bin mir sicher, dass viele syrische Väter wie Abu Faruq dachten. Wie recht er hatte! Hätten wir auf die Warnungen unserer Väter gehört, wäre es vielleicht nicht so weit gekommen.

Aber ich frage mich auch, wer daran schuld ist, dass die Syrer diese Gewaltexzesse ertragen mussten und immer noch ertragen. Und warum Onkel Abu Faruq durch eine Bombe ums Leben kommen musste.

Mein Freund Faruq lebt mittlerweile außerhalb Syriens,

sein Vater ist in Aleppo begraben. Wenn wir miteinander telefonieren, kommen mir die Tränen, und ich möchte jedes Mal sagen, dass ich ihn und seinen Vater sehr vermisse. Aber ich will ihn nicht betrüben. Faruq erzählte vor Kurzem am Telefon, dass er geheiratet und gerade einen Sohn bekommen hat. Abu Faruq ist nun wiedergeboren.

Wie Syrien zu mir kam
Nachwort von Elena Pirin

An einem warmen Septembertag 2015 hatte mich eine Freundin zu ihrem Gartenfest eingeladen. Unser zehnjähriger Sohn langweilte sich unter den Erwachsenen, bis einer der Gäste ihn zu einem Spiel animierte: Er schaltete die Stoppuhr-Funktion seines Handys ein, und so war unser Junge die nächste halbe Stunde damit beschäftigt, Rekorde zu brechen: Luftanhalten, Augen aufhalten, auf einem Bein stehen. Der unbekannte Gast schloss sich dabei von der Party keineswegs aus, im Gegenteil. Er hielt unseren Spross bei Laune und plauderte weiter mit den Partygästen. Wer war dieser südländische Kollege meiner Freundin, der mühelos als Chef-Animateur eines 5-Sterne-Hotels hätte durchgehen können?

Bald fanden wir uns in einem lebhaften Gespräch wieder, und ich staunte nicht schlecht, als ich hörte, dass der sozial kompetente Südländer ein syrischer Kurde war und dass die nette deutsche Frau an seiner Seite und das kleine Mädchen mit den goldenen Locken zu ihm gehörten. Wieso sprach er nach wenigen Jahren in Deutschland ein so gutes Deutsch?

Und warum wirkte er so gut gelaunt, obwohl sein Volk gerade so viel erleiden musste?

Natürlich tauschten wir uns kurz über die aktuelle Lage in Syrien aus, über die Flüchtlingsströme, über seinen anstrengenden Job als Dolmetscher, Sozialarbeiter und ehrenamtlicher Helfer. Was der witzige Navid – so möchte ich ihn nennen – mit keinem Wort erwähnte, war seine persönliche familiäre Belastung. Als ich mich anschließend mit seiner Frau unterhielt, scherzten wir über die Vor- und Nachteile einer binationalen Ehe, in der wir beide leben. Ihre Beziehung schien gut zu funktionieren, nur in einem kleinen Nebensatz erwähnte sie, dass Navids engste Familie gerade aus Syrien geflohen sei und seit Kurzem bei ihnen wohne.

Ich staunte. »Zu zwölft in einer 3-Zimmer-Wohnung? Wie lange geht so was gut?«

»Es muss gehen. Dafür ist Familie doch da«, lächelte Navids Frau, die Norddeutsche. »Seine Leute haben mich immer mit offenen Armen empfangen, wenn wir in Syrien zu Besuch waren. Wenn wir mal flüchten müssten, würden sie dasselbe für uns tun.«

Die Begegnung mit Navid und seiner deutschen Familie ging mir lange nicht aus dem Kopf. Wie viele Verwandte würde ich, die Exil-Bulgarin, im Falle einer Katastrophe aufnehmen? Und zwar ohne zu jammern? War der heitere Navid ein typischer Syrer oder nur eine schillernde Ausnahme? Aus was für einem Land und was für einer Familie stammte er, dass er diesen Lebensmut ausstrahlte?

Nach dieser Begegnung wollte ich mehr über Syrien und seine Menschen erfahren. Auf einer Veranstaltung über den

»Arabischen Frühling« fiel mir ein junger Mann auf, der als Einziger im Publikum kritische Fragen stellte, und zwar in einem beeindruckenden Deutsch. Ich kann mich nicht erinnern, ob wir uns beim Kennenlernen die Hand gaben oder nicht, auf jeden Fall tauschten wir E-Mail-Adressen und Telefonnummern aus.

Bald darauf erfuhr ich, dass mein neuer syrischer Bekannter mit dem Gedanken spielte, seine Erlebnisse in der alten und neuen Heimat irgendwann einmal aufzuschreiben. So begegneten sich unsere Vorhaben auf unerwartete Weise.

»Du schreibst zusammen mit einem Syrer ein Buch? Wie kommst du denn darauf?«, bekam ich oft zu hören. Ich glaube an Wunder, die von Menschen gemacht werden. Ungewöhnliche Begegnungen sind das beste Beispiel dafür. Die Treffen mit Faisal fanden am Anfang in größeren Abständen statt, und so konnte ich mit Staunen verfolgen, wie er seine Ziele verfolgte. Man könnte es eine Highspeed-Integration nennen! Je länger wir uns kannten, desto differenzierter wurde mein Bild von seinem Land und seinem persönlichen Syrien.

Mit jedem neuen Kapitel, das wir in Angriff nahmen, drangen wir beide auf neues, unbekanntes Terrain vor. Ich, eine feministisch angehauchte Autorin, die im bulgarischen Spätsozialismus groß geworden ist, und Faisal, ein arabisch-muslimischer, wissbegieriger junger Mann, der dem syrischen Horror entflohen war und jetzt den Westen verstehen wollte. Ich als Einwanderin der ersten Generation nach dem Fall der Mauer, er als Vertreter der größten Völkerwanderung seit 1945. Wir tauschten Erfahrungen über das jeweilige Leben in autoritären Regimen und über das Leben in Deutschland aus, wie wir es beide erleben.

Es war ein spannendes Abenteuer, einander zu folgen und die Sicht des anderen zu verstehen. Es war manchmal herausfordernd und meistens sehr lustig. Es war aber auch immer wieder traurig, an dem teilzuhaben, was viele Syrer durchstehen müssen. Für diese ungewöhnliche Zusammenarbeit, aus der hoffentlich eine echte, interkulturelle Freundschaft erwächst, bin ich Faisal sehr dankbar.

Aber was ist ein Buch ohne Leser? Ohne die tatkräftige Unterstützung unserer Agentur Arrowsmith und das untrügliche Gespür unseres Redakteurs, Oliver Domzalski, wäre unser syrisch-bulgarisch-deutsches Projekt nur ein Traum geblieben. Und unser Dank geht auch an unsere Verleger, Bernd Martin und Kerstin Schulz von der Edition Körber, die an unser Buch glauben.

Hamburg, im Januar 2018

Elena Pirin, geboren und aufgewachsen in Bulgarien, lebt seit Anfang der 1990er-Jahre in ihrer Wahlheimat Hamburg.

Neben langjährigen Tätigkeiten als Dozentin für interkulturelle Kommunikation, Übersetzerin und Streetworkerin veröffentlicht sie journalistische und literarische Texte.

Zuletzt erschien »Mein Löwenkind« (Patmos 2016), ein autobiografisch-literarischer Bericht über das Abenteuer, ein Kind auf seinem Weg zur Inklusion und Teilhabe zu begleiten.

Körber Stiftung

Gesellschaft besser machen

Mehr erfahren: www.koerber-stiftung.de
Mehr erleben: www.koerberforum.de
Mehr lesen: www.edition-koerber.de